GESTÃO DA APRENDIZAGEM
Casos Práticos

O GEN | Grupo Editorial Nacional – maior plataforma editorial brasileira no segmento científico, técnico e profissional – publica conteúdos nas áreas de ciências sociais aplicadas, exatas, humanas, jurídicas e da saúde, além de prover serviços direcionados à educação continuada e à preparação para concursos.

As editoras que integram o GEN, das mais respeitadas no mercado editorial, construíram catálogos inigualáveis, com obras decisivas para a formação acadêmica e o aperfeiçoamento de várias gerações de profissionais e estudantes, tendo se tornado sinônimo de qualidade e seriedade.

A missão do GEN e dos núcleos de conteúdo que o compõem é prover a melhor informação científica e distribuí-la de maneira flexível e conveniente, a preços justos, gerando benefícios e servindo a autores, docentes, livreiros, funcionários, colaboradores e acionistas.

Nosso comportamento ético incondicional e nossa responsabilidade social e ambiental são reforçados pela natureza educacional de nossa atividade e dão sustentabilidade ao crescimento contínuo e à rentabilidade do grupo.

COORDENADORES

Hong Yuh Ching
Amanda Gross
Lígia Vasconcellos

AUTORES

Amanda Gross
Dolores Maria Sereno Galvão Vilaça
Hong Yuh Ching
Lígia Vasconcellos
Lisie Lucchese
Mariana Lucas da Rocha Cunha

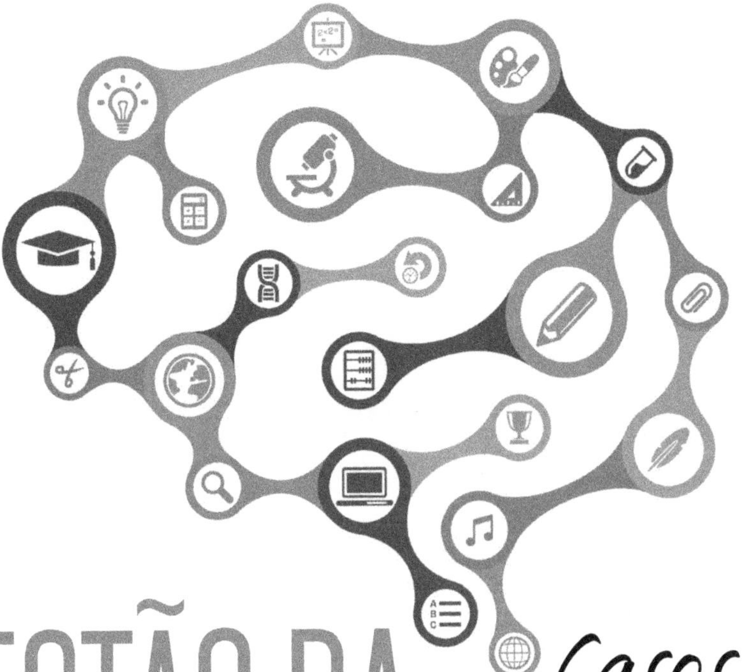

GESTÃO DA APRENDIZAGEM
Casos Práticos

Objetivos de aprendizagem | Planejamento | Resultados | Avaliação

Os autores e a editora empenharam-se para citar adequadamente e dar o devido crédito a todos os detentores dos direitos autorais de qualquer material utilizado neste livro, dispondo-se a possíveis acertos caso, inadvertidamente, a identificação de algum deles tenha sido omitida.

Não é responsabilidade da editora nem dos autores a ocorrência de eventuais perdas ou danos a pessoas ou bens que tenham origem no uso desta publicação.

Apesar dos melhores esforços dos autores, do editor e dos revisores, é inevitável que surjam erros no texto. Assim, são bem-vindas as comunicações de usuários sobre correções ou sugestões referentes ao conteúdo ou ao nível pedagógico que auxiliem o aprimoramento de edições futuras. Os comentários dos leitores podem ser encaminhados à **Editora Atlas Ltda.** pelo e-mail faleconosco@grupogen.com.br.

Direitos exclusivos para a língua portuguesa
Copyright © 2020 by
Editora Atlas Ltda.
Uma editora integrante do GEN | Grupo Editorial Nacional

Reservados todos os direitos. É proibida a duplicação ou reprodução deste volume, no todo ou em parte, sob quaisquer formas ou por quaisquer meios (eletrônico, mecânico, gravação, fotocópia, distribuição na internet ou outros), sem permissão expressa da editora.

Rua Conselheiro Nébias, 1384
Campos Elísios, São Paulo, SP — CEP 01203-904
Tels.: 21-3543-0770/11-5080-0770
faleconosco@grupogen.com.br
www.grupogen.com.br

Designer de capa: Caio Cardoso
Imagem de capa: Roman Khilchyshyn | 123RF
Editoração eletrônica: Caio Cardoso

CIP-BRASIL. CATALOGAÇÃO NA PUBLICAÇÃO
SINDICATO NACIONAL DOS EDITORES DE LIVROS, RJ

G333

Gestão da aprendizagem : casos práticos / coordenadores Hong Yuh Ching, Amanda Gross, Lígia Vasconcelos ; autores Amanda Gross ... [et al.]. – São Paulo : Atlas, 2020.

ISBN 978-85-970-2325-1

1. Professores – Formação. 2. Aprendizagem. 3. Metodologia de ensino. 4. Prática de ensino. I. Ching, Hong Yuh. II. Gross, Amanda. III. Vasconcelos, Lígia.

19-60685
CDD: 370.71
CDU: 37.026

Vanessa Mafra Xavier Salgado – Bibliotecária – CRB-7/6644

SOBRE OS AUTORES

Hong Y. Ching (coord.)

Professor Titular do Centro Universitário FEI, Conselheiro Suplente do CRA/SP. Possui Graduação em Administração pela Escola de Administração de Empresas da FGV/SP, Especialização em Finanças pelo CEAG/FGV, Mestrado em Ciências Contábeis pela Pontifícia Universidade Católica de São Paulo e Doutorado em Engenharia Mecânica pela Universidade Estadual de Campinas. Atualmente, é Coordenador do Curso e Chefe do Departamento de Administração do Centro Universitário FEI, em São Bernardo do Campo, ex-professor do IBMEC, Brazilian Business School e do Mackenzie. Tem experiência nas áreas de Administração, Contabilidade Gerencial e Operações, com ênfase em Custos, Finanças, Estratégia e Supply Chain. Suas linhas de pesquisa são em Finanças, Educação em Gestão e Sustentabilidade.

Amanda A. Gross (coord.)

Doutoranda e Mestre em Administração de Empresas pela Escola de Administração de Empresas da FGV/SP. Bacharel em Ciências Sociais pela Universidade de São Paulo. É Professora Convidada no SENAC e Impacta na Pós-graduação em Marketing Digital para disciplinas de Comportamento, Experiência do Cliente e Macrotendências e Professora de Antropologia e Semiótica no Master em Gestão da Experiência do Consumidor na ESPM. Professora Convidada na EAESP/FGV para a graduação em Administração de Empresas na disciplina de Sociologia.

Foi Professora-Assistente no Mestrado Profissional para Gestão e Competitividade na FGV/SP na disciplina de Metodologia de Problemas Científicos.

Lígia Vasconcellos (coord.)

Consultora em avaliação de impacto de projetos, tem longa experiência em avaliação de projetos sociais e políticas públicas e também planejou e coordenou vários cursos e seminários nesta área. É Doutora em Economia pela FEA/USP, possui Mestrado em Economia e Graduação em Administração de Empresas pela EAESP/FGV e Licenciatura em Matemática pelo IME/USP. Foi Gerente de Avaliação de Projetos do Itaú-Unibanco, respondendo pela avaliação de projetos sociais, políticas de sustentabilidade e treinamentos, e atuou como Diretora Científica do Instituto Escolhas. Pesquisadora associada do Núcleo para Medição de Impacto Socioambiental, Insper Metricis, mentora da Rede Mulher Empreendedora e membro dos Conselhos Consultivos do Trapézio – Grupo de Apoio à Escolarização e do R20 Brasil – Regions of Climate for Action.

Dolores Maria Sereno Galvão Vilaça

Mestre em Educação com foco em Políticas Públicas pela Universidade Federal de Pernambuco. Professora Licenciada em História pela Universidade Federal de Pernambuco. Consultora de Educação e Design de Programas Educacionais. Atua no desenho de programas educacionais, gestão da aprendizagem, desenvolvimento e implantação de novas ferramentas e metodologias de aprendizagem e no planejamento de ações educacionais para o Corpo Docente. Atualmente, atua como Coordenadora de Cursos e Ensino e Aprendizagem do Instituto Brasileiro de Educação em Gestão Pública (IBEGESP). Acredita que a Educação é o caminho para implementação, monitoramento e avaliação de políticas públicas de sucesso.

Lisie Lucchese

Diretora Técnica do Instituto de Longevidade®. Possui Graduação em Serviço Social pela Unisul-SC, Especialização em Administração, Sistemas e Métodos pela UFSC e Formação IBGC de Conselheiros de Administração. Coordena projetos e pesquisas nos temas: Gestão de Conflitos na Sucessão, Gerações de Talentos e Novas Competências, Mercados e Talentos, Comportamento Econômico e Decisões Financeiras, Impactos da Cultura Previdenciária, Estilo de Vida Após a Desvinculação por "Aposentadoria". Atua em educação corporativa nos temas processos sucessórios de executivos e planejamento de transição de carreira sênior com trabalhos realizados nos segmentos: Agroindústria, Automotivo, Aviação, Estado, Financeiro, Químico, Plásticos, Saúde, Siderúrgico e Serviços.

Mariana Lucas da Rocha Cunha

Graduada em Enfermagem pela Faculdade de Enfermagem do Hospital Israelita Albert Einstein (1992). MBA em Gestão dos Serviços de Saúde – Insper pelo Instituto de Ensino e Pesquisa (2017), Mestrado e Doutorado em Enfermagem pela Escola de Enfermagem da Universidade de São Paulo (2003) e Doutorado (2009). Docente e Orientadora do Mestrado Profissional em Enfermagem (desde 2014). Docente e Orientadora do Mestrado Profissional em Ensino (desde 2019). Membro do Grupo de Métodos Ativos (GMAE) da FICSAE. Membro do Grupo de Tecnologia e Pesquisa em Enfermagem (GETECS) da FICSAE. Tem experiência na área de Enfermagem, com ênfase em Educação em Saúde e Enfermagem Pediátrica, atuando principalmente nos seguintes temas: assistência de enfermagem, enfermagem da família, crianças com câncer e criança hospitalizada.

APRESENTAÇÃO

A ideia de escrever este livro surgiu após um curso extracurricular sobre ensino e aprendizagem de que participei no Insper. O curso foi muito interessante e abriu minha cabeça para coisas que poderia realizar na IES, em que atuo como coordenador de curso. Conversando com diversas colegas desse curso, percebi que essa satisfação era compartilhada por todas e elas tinham em mente algum projeto onde o ensinamento do curso poderia ser aproveitado.

Formamos um grupo no WhatsApp para seguirmos conversando sobre nossas ideias de como aproveitar esse ensinamento. Percebi pelas trocas de mensagem que a energia do grupo estava alta. Foi quando propus que escrevêssemos um livro para tornar tangível o que tínhamos em mente. Muitas delas aceitaram o desafio e são essas que fazem parte deste livro.

O livro começou a tomar forma após dois encontros presenciais, o que resultou em um documento que delineava os objetivos do livro, o público-alvo pretendido, outros títulos concorrentes ou semelhantes, a estrutura com os capítulos sugeridos e, principalmente, o que tinha de inovador.

Esse documento foi enviado para o GEN, aos cuidados da Mayara Blaya, para apreciação quanto a sua publicação. Um encontro foi realizado com Agnaldo Lima, ocasião em que tivemos oportunidade de discorrer sobre o livro e tirar dúvidas da editora. Logo em seguida, tivemos o sinal verde para iniciarmos o livro.

Nessa empreitada, fui auxiliado por Amanda Gross e Lígia Vasconcellos, que se dispuseram a atuar como coorganizadoras do livro. Outras colegas, Dolores Vilaça, Lisie Lucchese e Mariana Lucas, também se dispuseram a contribuir com suas experiências. Definimos então quem iria escrever sobre qual tema, bem como a estrutura do livro e a sequência ideal dos capítulos. A seção de Introdução irá mostrar o sequenciamento dos capítulos e seu racional.

O propósito do livro é apresentar caminhos que levem a inovações na esfera da educação, por meio de metodologias de ensino que maximizem o potencial de aprendizagem do aluno. Assim, o livro trata de tornar o aprendizado intrinsecamente motivador para o aluno. E, para tal, relata experiências de aprendizagem, trazendo exemplos de diversos projetos de programas educacionais, com os quais seguramente o nosso leitor pode se identificar, inspirando-se e apropriando-se deles para colocá-los em prática.

Enfim, estou muito orgulhoso do que nós produzimos. Fizemos com muito carinho, dedicação e pensando em auxiliar você, docentes, coordenadores de curso, coordenadores pedagógicos, sejam eles de ensino superior, *lato* ou *stricto sensu*, assim como profissionais de cursos de curta duração, profissionalizantes e de extensão universitária.

Não poderia terminar esta apresentação sem agradecer ao Grupo Editorial Nacional (GEN), nas pessoas do Agnaldo Lima e Mayara Blaya, por acreditar na nossa visão que ora se transforma em realidade.

 uqr.to/gkph

Assista a um vídeo de apresentação da obra pelos autores. Para reproduzi-lo, basta ter um aplicativo leitor de QR Code baixado no *smartphone* e posicionar a câmera sobre o código, ou usar a URL que aparece ao lado.

Boa leitura!

Prof. Hong Yuh Ching

RECURSO DIDÁTICO

Esta obra conta com **vídeos dos autores**, que complementam o conteúdo, facilitando o aprendizado. Os vídeos estão indicados no início de cada capítulo com o ícone abaixo.

O acesso aos vídeos é gratuito para quem adquirir a obra, mediante o código de acesso que acompanha o livro. Basta que o leitor siga as instruções apresentadas na orelha da obra.

Material Suplementar

Esta obra conta com o seguinte material suplementar:

- Manual do Professor, com respostas e orientações às questões para discussão (restrito a docentes).

O acesso ao material suplementar é gratuito. Basta que o leitor se cadastre em nosso *site* (www.grupogen.com.br), faça seu *login* e clique em GEN-IO, no menu superior do lado direito.

É rápido e fácil. Caso haja dificuldade de acesso, entre em contato conosco (gendigital@grupogen.com.br).

GEN-IO (GEN | Informação Online) é o ambiente virtual de aprendizagem do GEN | Grupo Editorial Nacional, maior conglomerado brasileiro de editoras do ramo científico-técnico-profissional, composto por Guanabara Koogan, Santos, Roca, AC Farmacêutica, Forense, Método, Atlas, LTC, E.P.U. e Forense Universitária. Os materiais suplementares ficam disponíveis para acesso durante a vigência das edições atuais dos livros a que eles correspondem.

SUMÁRIO

Introdução, 1

CAPÍTULO 1
Processo da Gestão da Aprendizagem | **HONG Y. CHING**, 5
Introdução, 7
1.1 Objetivos de aprendizagem (O), 7
    1.1.1 Objetivos educacionais, 8
    1.1.2 Contexto, 8
    1.1.3 Conteúdo, 8
    1.1.4 Avaliação, 9
    1.1.5 Métodos de ensino, 9
1.2 Alinhamento entre objetivos e resultados (Al), 13
1.3 Resultados (R), 16
1.4 Avaliação (Av), 17
1.5 Fechar o *loop* (F), 18
Conclusão, 19
Resumo esquemático, 20
Questões para discussão, 21
Referências, 21

CAPÍTULO 2
Objetivos de Aprendizagem: determinantes do processo ensino-aprendizagem | **MARIANA LUCAS DA ROCHA CUNHA**, 23
Introdução, 25
2.1 Objetivos de aprendizagem: definição e características, 25
2.2 Tipos de habilidades e os níveis da Taxonomia de Bloom, 27
2.3 O papel do professor em relação aos objetivos de aprendizagem, 30
Conclusão, 31

Resumo esquemático, 32
Questões para discussão, 33
Referências, 33

CAPÍTULO 3
A avaliação na Gestão da Aprendizagem: Coleta, Análise e *Feedback* | DOLORES MARIA SERENO GALVÃO VILAÇA, 35

Introdução, 37
3.1 Por que avaliamos?, 38
3.2 Para que serve a avaliação?, 40
3.3 Para quem serve a avaliação?, 41
3.4 Como avaliamos?, 41
Conclusão, 43
Resumo esquemático, 44
Questões para discussão, 45
Referências, 45

CAPÍTULO 4
Preparação de docentes e alunos para um novo Projeto Pedagógico de curso | HONG Y. CHING, 47

Introdução, 49
4.1 Definir objetivos de aprendizagem do aluno (O), 50
4.2 Alinhamento entre objetivos e resultados (AI), 53
4.3 Resultados (R), 59
4.4 Avaliação (Av), 60
4.5 Fechar o *loop* (F), 63
Conclusão, 64
Resumo esquemático, 65
Questões para discussão, 66
Referências, 66

CAPÍTULO 5
Desenvolvimento de Professores do Ensino Superior para o uso de Metodologias Ativas de Ensino | MARIANA LUCAS DA ROCHA CUNHA, 67

Introdução, 69
5.1 Definir objetivos de aprendizagem do aluno (O), 72

5.2 Alinhamento entre objetivos e resultados (AI), 73
5.3 Resultados (R), 77
5.4 Avaliação (Av), 77
5.5 Fechar o *loop* (F), 79
Conclusão, 80
Resumo esquemático, 81
Questões para discussão, 82
Referências, 82

CAPÍTULO 6
Projeto Pedagógico nas Instituições de Ensino Superior: desafios e o papel do Diretor Acadêmico para garantia da gestão democrática | DOLORES MARIA SERENO GALVÃO VILAÇA, 85

Introdução, 87
6.1 Definir objetivos de aprendizagem do aluno (O), 88
6.2 Alinhamento entre objetivos e resultados (AI), 89
6.3 Resultados (R), 94
6.4 Avaliação (Av), 94
6.5 Fechar o *loop* (F), 95
Resumo esquemático, 95
Questões para discussão, 96
Referências, 96

CAPÍTULO 7
Aprender e experimentar: Gestão da Aprendizagem para um curso de Teoria Social | AMANDA ALBUQUERQUE GROSS, 97

Introdução, 99
7.1 Definir objetivos de aprendizagem do aluno (O), 101
7.2 Alinhamento entre objetivos e resultados (AI), 103
7.3 Resultados (R), 109
7.4 Avaliação (Av), 111
7.5 Fechar o *loop* (F), 111
Conclusão, 112
Resumo esquemático, 113
Questões para discussão, 114
Referências, 114

CAPÍTULO 8
Capacitação de gestores: o caso de um curso sobre avaliação de impacto social | **LÍGIA VASCONCELLOS**, 115

Introdução, 117
8.1 Gestão da aprendizagem, 118
8.2 Definir objetivos de aprendizagem do aluno (O), 120
8.3 Alinhamento entre objetivos e resultados (AI), 122
8.4 Resultados (R), 130
8.5 Avaliação (Av), 131
8.6 Fechar o *loop* (F), 131
Conclusão, 132
Questão para discussão, 132
Resumo esquemático, 133
Referências, 133

CAPÍTULO 9
Modelo de Estrutura de Processos Sucessórios | **LISIE LUCCHESE**, 135

Introdução, 137
O que é o Modelo de Estrutura de Processos Sucessórios?, 138
9.1 Gestão da Aprendizagem, 140
    9.1.1 Objetivos (O), 140
    9.1.2 Alinhamento entre objetivos e resultados (AI), 142
    9.1.3 Resultados (R), 146
    9.1.4 Avaliação (Av), 148
    9.1.5 Fechar o *loop* (F), 149
Conclusão, 150
Resumo, 150
Resumo esquemático, 151
Questões para discussão, 152
Referências, 152

Índice remissivo, 153

INTRODUÇÃO

O nível de escolaridade da população brasileira vem crescendo nas últimas décadas. Em 1992, um brasileiro adulto possuía, em média, 5,1 anos de estudos. Mais de 20 anos depois, em 2015, esse número saltou para 10,2 anos de estudos, conforme dados da PNAD.[1] O número de matrículas no ensino superior, no mesmo período, saltou de 1,5 para 6,6 milhões, segundo o Censo da Educação Superior do INEP.[2]

Esses números, porém, quando comparados a dados internacionais, mostram que ainda temos muito a fazer tanto em relação à escolaridade quanto à qualidade dos processos de ensino e aprendizagem.

Em 2017, o percentual de adultos (25 a 64 anos) com, pelo menos, ensino superior completo era de 15% no Brasil, enquanto a média da OCDE ficava em 29% (dados do Education at a Glance 2018, OCDE). E, no Relatório PISA 2015,[3] também da OCDE, os estudantes brasileiros alcançaram a 66ª colocação em matemática, 63ª posição em ciências e 59ª em leitura, representando queda das posições alcançadas na edição de 2012 e com uma performance inferior à de países como México, Tailândia e Indonésia.

Assim, fica claro que mesmo uma trajetória ascendente de escolaridade, em qualquer nível, deve ser acompanhada por um trabalho de qualidade, que efetivamente gere aprendizado para os alunos.

Além disso, o olhar do educador, para acompanhar esse mundo de rápidas transformações, deve estar sempre voltado à sua educação continuada, que nada mais é do que uma prática pedagógica relacionada à formação dos seus educandos alicerçada na articulação entre a teoria e a prática.

Dessa forma, o propósito deste livro é apresentar caminhos que garantam o sucesso do processo de ensino e aprendizagem, assim como o seu monitoramento e aperfeiçoamento contínuo, tendo o aluno como o centro do processo. Para tal, apresentaremos casos de propostas inovadoras na esfera da educação que empregaram metodologias para maximizar o potencial de aprendizagem e motivação dos alunos. Os casos referem-se aos mais diversos contextos, como educação de profissionais da educação, desde professores à equipe diretiva de escolas,

---

1 Fonte: https://www.insper.edu.br/wp-content/uploads/2012/05/20170407_panorama-educacional-brasileiro2016.pdf.
2 Idem.
3 Fonte: http://download.inep.gov.br/acoes_internacionais/pisa/resultados/2015/pisa_2015_brazil_prt.pdf.

assim como educação profissional e acadêmica. Também olhando para uma gama ampla de públicos e temas, os capítulos tratam de aspectos relacionados a escolas, projetos sociais e empresas, assim como discutem as transformações da sociedade atual e como o processo de aprendizagem pode responder a essa revolução.

Para isso, nos apropriamos da abordagem do *Assurance of Learning* (AoL) e da definição de objetivos de aprendizagem por meio da Taxonomia de Bloom, que combinadas garantem o alinhamento entre objetivos, planejamento de dinâmicas e avaliação de resultados.

O *Assurance of Learning* é uma abordagem empregada pela Association to Advance Collegiate Schools of Business International (AACSB) nos processos de acreditação de escolas de negócio na dimensão de ensino e aprendizagem. Trata-se de cinco passos para planejar, avaliar e intervir promovendo melhorias nos cursos e programas. Os cinco passos são: (O) definir os objetivos de aprendizagem do aluno e resultados do programa; (Al) alinhar os objetivos e resultados com o currículo ou programa de um curso; (R) identificar os instrumentos e medidas para avaliar a aprendizagem; (Av) coletar e analisar as informações da avaliação dos resultados; e (F) usar essas informações para melhoria contínua.

Já a Taxonomia de Bloom foi desenvolvida em 1956 por especialistas multidisciplinares norte-americanos e revisada no final da década de 1990. A proposta original hierarquiza seis níveis cognitivos de habilidades que nos ajudam a definir os objetivos de aprendizagem de um curso ou programa. Esses níveis vão desde processos mais concretos e com menor nível de abstração, como lembrar, entender e aplicar, até níveis mais abstratos, como analisar, avaliar e criar. A Taxonomia de Bloom tem sido desde sua criação amplamente usada para o planejamento de ensino e treinamento de professores.

Entendemos que este livro pode contribuir para o campo da educação tornando o processo de aprendizagem efetivo e intrinsecamente motivador para o aluno. E, para tal, trazemos exemplos e insights de diversos projetos de programas educacionais, com os quais seguramente o nosso leitor pode se identificar, inspirando-se e apropriando-se deles para colocá-los em prática. Entendemos que tanto profissionais que já atuam com processos de aprendizagem como aqueles que buscam uma introdução ao tema poderão se beneficiar com a leitura do material.

Os capítulos são escritos por diferentes autores, cada um trazendo para o leitor sua visão sobre o contexto em que atuam, e os desafios e possibilidades de aprendizagem em seu campo de atuação. Agrega-se assim, à diversidade de temas, visões e formas diferentes de atender ao mesmo objetivo, de proporcionar aos alunos uma experiência de aprendizagem efetiva.

Entendemos, também, que não há necessidade de uma leitura linear do livro, podendo o leitor começar por aquele caso que mais lhe chamar a atenção ou parecer mais próximo aos seus desafios. No entanto, caso seja sua primeira experiência com o tema, recomendamos fortemente que inicie pela leitura dos três primeiros capítulos. Estes lhe apresentarão os principais conceitos sobre o processo de gestão da aprendizagem.

A saber, o *Capítulo 1 – Processo da gestão da aprendizagem*, de *Hong Y. Ching*, apresenta o modelo de gestão da aprendizagem, seus cinco passos de maneira conceitual e funciona como uma introdução ao tema e para todos os outros.

Já o *Capítulo 2 – Objetivos de aprendizagem: determinantes do processo ensino-aprendizagem*, de *Mariana Lucas da Rocha Cunha*, traz um detalhamento da discussão do processo de definição dos objetivos e sua relevância dentro do modelo. Nesse capítulo, também é apresentada a Taxonomia de Bloom e sua hierarquia de níveis cognitivos.

No *Capítulo 3 – A avaliação na gestão da aprendizagem: coleta, análise e feedback*, escrito por *Dolores Maria Sereno Galvão Vilaça*, aprendemos que a avaliação serve a um processo contínuo de aprimoramento, e que a escolha dos instrumentos de avaliação deve estar ligada aos objetivos de aprendizagem e serve às funções básicas da avaliação, entre elas conhecer o público, verificar se objetivos estão sendo atingidos, promover alunos etc. É apresentada também a tríade de avaliação, diagnóstica, formativa e somativa.

Os capítulos seguintes trazem os casos práticos, nos quais os instrumentos do processo de aprendizagem são aplicados e discutidos. Como falamos, eles apresentam o planejamento de cursos que se direcionam a diferentes públicos e são pensados para diferentes contextos.

Os Capítulos 4, 5 e 6 apresentam os casos práticos voltados para a formação de profissionais da educação superior. Já os capítulos seguintes, 6, 7 e 8, são planejados para discentes, mas cada um em um contexto diferente, como cursos de graduação ou pós-graduação, ou profissionais de mercado.

O *Capítulo 4 – Preparação de docentes e alunos para um novo projeto pedagógico de curso*, de *Hong Y. Ching*, é o primeiro caso prático e trata-se da preparação de docentes de graduação para atuarem em um novo projeto pedagógico da IES. Esse projeto tem características inovadoras e pretende desenvolver nos alunos competências e habilidades para atuação em um mundo volátil, incerto, complexo e ambíguo (VUCA). No entanto, antes de formar os alunos, é necessário preparar os professores para trabalharem esses conceitos em sala de aula.

No *Capítulo 5 – Desenvolvimento de professores do ensino superior para o uso de metodologias ativas de ensino*, a autora *Mariana Lucas da Rocha Cunha* apresenta um curso para desenvolvimento dos professores de ensino superior com uso de metodologias ativas de ensino, aplicando o modelo de Gestão da Aprendizagem. O curso se vale também de um acompanhamento posterior, o que destaca a preocupação com o uso efetivo dos novos conhecimentos pelos professores-alunos.

O *Capítulo 6 – Projeto pedagógico nas instituições de ensino superior: desafios e o papel do diretor acadêmico para a garantia da gestão democrática*, de *Dolores Maria Sereno Galvão Vilaça*, apresenta o caso de um programa para a formação que possa ajudar os gestores a repensar suas práticas e concepções a respeito da importância de um projeto pedagógico que represente a proposta educacional da instituição e seja desenhado coletivamente para que os objetivos definidos sejam executados da melhor forma.

No *Capítulo 7 – Aprender e experimentar: gestão da aprendizagem para um curso de teoria social*, *Amanda Gross* nos apresenta um caso de aplicação do processo AoL para um curso acadêmico. Esse curso pode estar na grade de graduação ou pós-graduação de cursos de ciências sociais aplicadas ou teóricas. Trata-se de um caso de inovação para um modelo tão tradicional. Aproveita-se que a teoria social tema do curso, a Teoria Ator-Rede, é recente e conta com os autores seminais ainda vivos, produtivos e atuantes – o que pode proporcionar novas formas de se relacionar com eles, que não apenas por seus textos, como trazê-los como convidados para as aulas, acessar conteúdos disponibilizados on-line ou encontrá-los em algum seminário. Além disso, um dos módulos do curso é prático e conta com um processo de mentoria para a realização das atividades.

No *Capítulo 8 – Capacitação de gestores: o caso de um curso sobre avaliação de impacto social*, *Lígia Vasconcellos* apresenta um curso voltado para profissionais de mercado, que lhes traz uma nova ferramenta de gestão. O curso trata do uso da aprendizagem ativa como uma vantagem para apresentar a gestores de projetos sociais os principais conceitos da avaliação de impacto e ajudá-los a desenvolver sua capacidade crítica em relação às avaliações.

Por fim, o *Capítulo 9 – Modelo de estrutura de processos sucessórios*, a autora, *Lisie Lucchese*, apresenta um curso para profissionais de mercado que discute o tema de sucessão nas empresas, levando em consideração que a nova geração de profissionais traz novos posicionamentos e interesses em relação ao trabalho. Para torná-lo mais efetivo, o curso mostra algumas boas práticas de aprendizagens ativas no tema de Sucessão de Gestores, através do uso do *Modelo de Estrutura de Processos Sucessórios* nas disciplinas de Administração – ênfase Gestão de Pessoas. Um guia prático é distribuído ao final do curso, que ajudará o aluno-gestor a multiplicar esse conhecimento dentro de sua empresa de atuação.

Apesar de temas e estilos distintos, buscamos garantir que todos os capítulos estejam estruturados de maneira semelhante para facilitar a leitura e comparação entre eles. No início de cada um, você verá quais são os objetivos de aprendizagem definidos, isto é, aquilo que os autores desejam que ao final da leitura você seja capaz de fazer. Também apresentamos um caso de contextualização, demonstrando qual a problemática envolvida. Após isso, trazemos uma introdução e, nos casos práticos, a forma como trabalhamos cada uma das fases do processo de gestão da aprendizagem. Terminamos sempre recapitulando e respondendo as perguntas apresentadas no início e deixamos algumas perguntas para a sua reflexão. Ao longo do capítulo, apresentamos algumas referências externas onde você pode encontrar mais informações úteis e complementares.

Esperamos que a leitura seja agradável e lhe traga muitos aprendizados e inspirações!

Hong Y. Ching, Amanda Gross e Lígia Vasconcellos

CAPÍTULO 1

Assista ao **vídeo**

PROCESSO DA GESTÃO DA APRENDIZAGEM

Hong Y. Ching

Objetivos de aprendizagem

- Entender a importância de uma gestão adequada para assegurar a aprendizagem dos seus alunos.
- Saber aplicar cada uma das etapas do processo de gestão da aprendizagem no seu curso de forma a assegurar essa aprendizagem.

Caso de contextualização

Você terminou recentemente seu mestrado, já conseguiu uma posição de professor aulista em uma instituição de ensino superior e ficou muito contente com a oportunidade. Em uma reunião com o coordenador do curso, ele expôs o plano de ensino da disciplina que você iria ministrar e como ela se encaixava nas outras disciplinas do curso. Você retirou da biblioteca os livros-texto que iria usar para estudar e preparar suas aulas. Chegando em casa, você se debruçou sobre o conteúdo da disciplina, leu os capítulos mais relevantes dos livros e começou a preparar suas aulas, tendo o cuidado de colocar os conteúdos técnicos da disciplina mais atuais.

Ao terminar de preparar suas aulas, você sentiu algumas inquietações que não tinham respostas, dentre elas:

- Quem eram seus alunos, o perfil deles e como sua disciplina se enquadrava nos estudos deles no curso.
- Que recursos didáticos e de apoio seriam mais adequados para seus alunos.
- O que você pretendia que seus alunos fossem capazes de alcançar ao final da sua disciplina.
- Que métodos de ensino você utilizaria para dar suporte aos seus objetivos, além dos slides que você já preparou.
- Que outras atividades de ensino você pretendia adotar, além dos exercícios que elaborou, ou se estes já seriam suficientes por si só.
- Como pretendia avaliar se os alunos aprenderiam de fato. Você pensou em provas e exercícios, mas sabia que isso não era suficiente. Afinal, ensinar é uma parte da equação e ela só se fecha com a aprendizagem pelos alunos.

O coordenador lhe contratou porque você tinha conhecimento técnico da matéria que iria lecionar e é sobre esse aspecto que uma boa parte dos professores se apoiam ao iniciarem sua carreira acadêmica. Você repete aquilo que viu nos seus professores. Eles entram, ministram as aulas de forma expositiva, passam os exercícios, corrigem e depois aplicam as provas intermediárias e finais.

Você, no entanto, gostaria que seus alunos saíssem ao final do seu curso tendo aprendido o que você idealizou inicialmente. Este capítulo introdutório trata de responder aos questionamentos citados.

Introdução

A expressão em inglês *Assurance of Learning* (AoL) refere-se ao processo sistemático de coleta de dados sobre os resultados de aprendizagem do aluno, revisão e seu uso para continuamente desenvolver e melhorar o curso ou um programa em referência. É um meio de nos tornarmos responsáveis por entregar aquilo que afirmamos.

São cinco passos que compõem o AoL de acordo com o AACSB *International white paper on assurance of learning standards: an interpretation* (2013):

- (O) Definir os objetivos de aprendizagem do aluno e resultados do programa.
- (Al) Alinhar os objetivos e resultados com o currículo ou programa de um curso.
- (R) Identificar os instrumentos e medidas para avaliar a aprendizagem.
- (Av) Coletar e analisar as informações da avaliação dos resultados.
- (F) Usar essas informações para melhoria contínua.

 Para saber mais sobre o **AoL**, acesse o código ao lado ou: **http://uqr.to/g3a2**. Acesso em: 2 out. 2019.

No caso deste livro, usamos a expressão *Gestão da aprendizagem* como tradução do inglês *Assurance of learning process*. À semelhança dos cinco passos da Association to Advance Collegiate Schools of Business (AACSB), nosso processo de gestão da aprendizagem conta com cinco etapas.

Ela se inicia com uma proposta de planejamento, organizado a partir de **objetivos de aprendizagem (O)**. A partir desses objetivos, são elaboradas atividades de aprendizagem nas quais os alunos vivenciam o objetivo de aprendizagem proposto, garantindo o **alinhamento de objetivos e resultados (Al)** com o currículo. Na fase seguinte, ocorrem momentos de análise dos **resultados (R)** que permitem ao docente acompanhar e intervir no processo, a **avaliação (Av)** dos resultados e sua comunicação aos alunos a partir dos resultados e, por fim, **fechar o *loop* (F)** desenvolvendo um plano de ação de melhoria como resultado de uma reflexão crítica.

1.1 Objetivos de aprendizagem (O)

Ao iniciar o planejamento de um programa educacional, você poderá levar em consideração algumas questões que estão refletidas no modelo a seguir (veja a Figura 1.1). As questões são: objetivos educacionais, contexto, conteúdo, métodos de avaliação e métodos de ensino. Vamos a cada uma delas brevemente:

1.1.1 Objetivos educacionais

O que você gostaria que seus alunos soubessem, pensassem ou sentissem ou fossem capazes de fazer ao terminar um programa ou curso? Use a Taxonomia de Bloom, que será tratada no Capítulo 2, para lhe ajudar nessa tarefa de modo que seus objetivos sejam específicos, atingíveis e mensuráveis. Ching e Silva (2017) conduziram uma pesquisa com docentes e alunos de uma IES e constataram que:

- Os docentes estavam tendo algumas dificuldades em lecionar o conteúdo e aplicar algumas atividades instrucionais e exercícios.
- Nem todos os docentes estavam usando métodos de avaliação que balanceassem os três saberes da competência – saber, saber fazer e saber ser (ou, em outros termos, conhecimento, habilidade e atitude) – em vez disso, preferiam avaliações tradicionais como provas.
- Os alunos não haviam percebido melhoras no desenvolvimento das suas competências. Eles seguiam afirmando que o constructo baseado na Taxonomia de Bloom é a base para um modelo de educação baseado em competência. De fato, essa taxonomia foca na educação continuada para melhorar habilidades por meio de conhecimento teórico, bem como em tarefas e atividades que possibilitam praticar as aptidões.

1.1.2 Contexto

Existem algumas questões contextuais que poderão afetar a forma como você irá moldar seu curso, tais como: o perfil do ingressante ou do seu público-alvo, pensando nas experiências pessoais ou profissionais e competências cognitivas que ele traz para a sala de aula (se alunos de graduação, de pós-graduação, professores, profissionais do mercado, suas expectativas); dados do curso (curso diurno ou noturno, de final de semana, tamanho da classe etc.); como seu curso se enquadra em seus estudos (é teórico ou prático, algum pré-requisito exigido, é pré-requisito para algum curso seguinte); e os recursos que ele dispõe (conta com plano de ensino, laboratórios e equipamentos acessíveis).

1.1.3 Conteúdo

Escolher o que cobrir de conteúdo em uma disciplina ou curso é crucial para seu sucesso. Algumas pessoas preferem olhar o curso ou disciplina das instituições concorrentes e ver o que está sendo ministrado. Outros preferem reunir um grupo de docentes da própria instituição ou seu Núcleo Docente Estruturante (NDE) e, após análise do ambiente em que o curso ou disciplina se insere, decidem o melhor conteúdo. Já há aqueles que preferem ouvir dos alunos ou de profissionais de mercado, mediante *focus group*, suas sugestões de conteúdo.

O certo é que não há uma maneira correta de decidir sobre o conteúdo da disciplina ou do curso. Você pode levar em consideração algumas questões que lhe ajudarão a estreitar suas escolhas.

Com quais recursos, como leituras, livros, artigos acadêmicos, base de dados, pesquisas *on-line*, o professor dispõe para elaborar e trabalhar o conteúdo com seus alunos?

Existem restrições legais que devem ser atendidas, como as Diretrizes Curriculares do Curso ou os Instrumentos de Avaliação do Sistema Nacional de Avaliação da Educação Superior (SINAES)?

Elaborar um plano aula a aula pode ser bem interessante para que você tenha um bom planejamento das suas aulas, e assim verificar se o conteúdo proposto pode ser coberto?

O que essas pessoas – alunos, profissionais do mercado, docentes – podem lhe dar de *insight* imparcial para construção do conteúdo? Quem garante que elas não tenham seus próprios vieses ou preferências ou estejam antenadas com o que ocorre no mercado e consigam trazer para o curso ou disciplina em questão? Seguramente, todas elas têm muito a contribuir e extrair o melhor delas é a missão quase impossível.

1.1.4 Avaliação

A chave é escolher métodos ou estratégias que lhe permitam avaliar se os alunos conseguiram atingir os objetivos de aprendizagem estabelecidos inicialmente. Essa relação entre os objetivos e o processo avaliativo será tratada no Capítulo 2. Alguns questionamentos podem ser feitos e que lhe auxiliam nessa tarefa:

- Que métodos escolher que me auxiliem a criar um ambiente de aprendizagem na sala de aula? Por exemplo, se for escolher estudo de caso, o ideal é preparar os alunos com antecedência sobre o caso a ser discutido em sala, sua leitura prévia e fazer o layout da sala de aula em forma circular com o instrutor localizado no meio.
- Como limito a possibilidade de plágio ou cola dos trabalhos dos alunos?
- A carga de trabalho parece razoável e sustentável tanto para os alunos quanto para mim?
- O que posso aprender a respeito da aprendizagem dos meus alunos a partir dos resultados das avaliações?

1.1.5 Métodos de ensino

Cada método de ensino tem suas vantagens e desvantagens e deve dar suporte aos seus objetivos de aprendizagem e ajudar os alunos a realizar as atividades propostas. Alguns questionamentos podem auxiliá-lo nessa tarefa:

- Estou familiarizado e confortável com o uso de quais métodos? E quanto aos alunos? Há métodos potencialmente mais "fáceis" para o professor, que não são necessariamente os mais adequados para o aprendizado da turma em questão.
- Dado o ambiente que quero criar em sala de aula, qual o método que mais bem possibilita isso?
- Que materiais ou recursos tenho disponíveis para suplementar minhas aulas?
- Quais métodos são mais apropriados e estão alinhados com os métodos de avaliação?
- Que métodos escolher que me auxiliem a criar um ambiente na sala de aula? Por exemplo,

se for escolher estudo de caso, o ideal é preparar os alunos com antecedência sobre o caso a ser discutido em sala, sua leitura prévia e fazer o layout da sala de aula em forma circular com o instrutor localizado no meio.

- Que peso irei atribuir a cada um dos meus métodos?

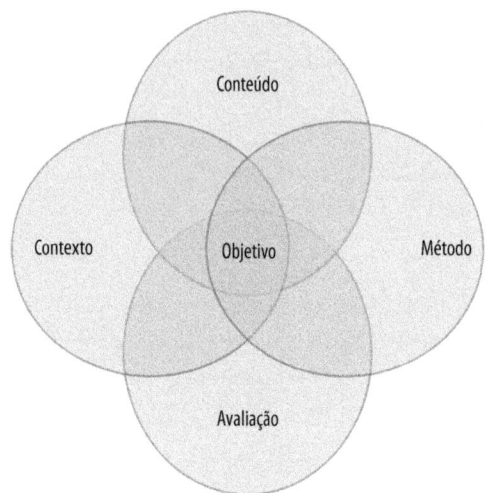

Figura 1.1 Modelo dos componentes de desenho de curso.

Fonte: Ellis, D. E. (2008).

Por fim, outros aspectos também devem ser considerados:

- A duração do programa ou do curso – curta duração ou de longa duração quebrado em carga semestral.
- Estudar as principais referências teóricas que permeiam a área de conhecimento em que o programa está inserido, de modo a estar alinhado com o estado da arte atual.
- O que haverá de diferente em relação a outros programas concorrentes oferecidos no mercado ou em outras instituições em geral.
- Definir o perfil do egresso. Quem é essa persona que queremos formar ao final do curso ou do programa, que bagagem queremos que ele leve e suas competências.

O objetivo educacional deve traduzir as competências que o professor pretende desenvolver com o aluno no decorrer do curso ou do programa. Ele é uma declaração explícita do que os alunos devem ser capazes de fazer quando eles completam um segmento de um curso (Felder; Brent 2004). Para Krathwohl (2002), objetivos são usualmente enquadrados em termos de (i) algum conteúdo de assunto e (ii) uma descrição do que deve ser feito com ou para aquele conteúdo. Dessa forma, declarações de objetivos tipicamente consistem em um nome – o conteúdo de assunto – e um verbo de ação – o processo cognitivo. O(s) verbo(s) deve(m) se referir a ações observáveis, coisas que o professor possa observar os alunos fazendo.

A competência que você espera que o aluno desenvolva no curso deve estar alinhada com o objetivo educacional. Para tanto, você deve escrever seus objetivos de acordo com os níveis cognitivos esperados. Os processos cognitivos transcorrem dos níveis mais simples aos mais complexos. A Taxonomia de Bloom utiliza seis dimensões cognitivas, das mais simples (memorizar e entender) às mais complexas (avaliar e criar). Veja a Figura 1.2.

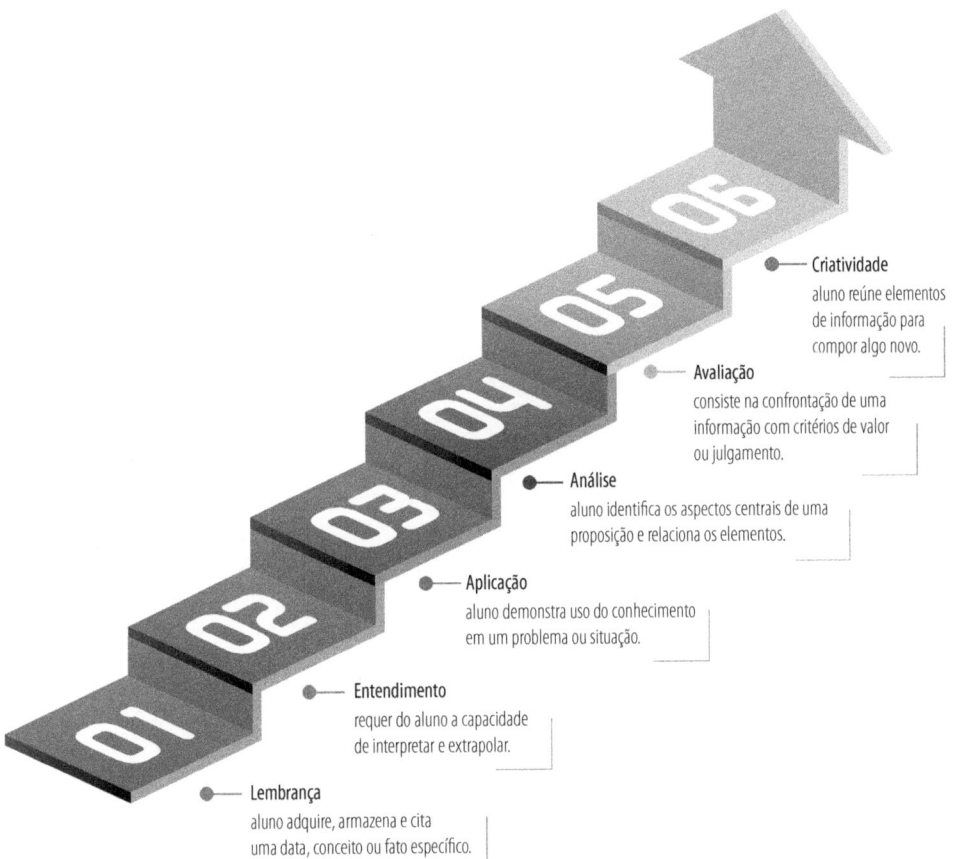

Figura 1.2 Os 6 níveis cognitivos da Taxonomia de Bloom.

Os objetivos de aprendizagem podem ser detalhados em um ou mais objetivos específicos que descrevem atributos mensuráveis do objetivo maior e explicitam o que o aluno deve estar apto a fazer ao término do curso ou programa.

Saiba mais

Segundo exemplo retirado do material da AACSB, os objetivos podem ser:
- Objetivo de aprendizagem: demonstrar comunicação de forma efetiva.
- Objetivos específicos: produzir documentos de qualidade profissional/fazer uma apresentação de qualidade acompanhada de tecnologia adequada/demonstrar habilidades de comunicação interpessoal em um ambiente de time.

Finalmente, quando o professor estiver escrevendo os objetivos de aprendizagem, tanto os gerais quanto os específicos, ele deve considerar as categorias de verbo no infinitivo relacionadas a cada nível cognitivo da taxonomia. Ele pode se apoiar na lista do Quadro 1.1.

Quadro 1.1 Lista de verbos dos níveis da Taxonomia de Bloom

Lembrar	Definir, Descrever, Encontrar, Identificar, Rotular, Listar, Localizar, Combinar, Apontar, Nomear, Destacar, Selecionar, Mostrar, Situar, Estudar, Enumerar, Denominar, Realçar, Relembrar, Relacionar, Reproduzir, Distinguir, Memorizar, Ordenar, Reconhecer; Qual, Quando, Onde, Que, Quem, Por que etc.
Entender	Definir, Construir, Converter, Decodificar, Concluir, Descrever, Estimar, Explicar, Interpretar, Parafrasear, Predizer, Sumarizar, Entender, Interpretar, Prever, Reescrever, Redefinir, Selecionar, Resolver, Dar Exemplos, Generalizar, Ilustrar, Reformular, Discriminar, Converter, Defender, Alterar, Estimar etc.
Aplicar	Adaptar, Escolher, Construir, Determinar, Desenhar, Desenvolver, Ilustrar, Modificar, Praticar, Apresentar, Selecionar, Resolver, Responder, Programar, Esboçar, Dramatizar, Empregar, Produzir, Operacionalizar, Manipular, Relatar, Transferir, Usar, Escrever, Operar, Prever, Preparar, Alterar etc.
Analisar	Analisar, Reduzir, Perguntar, Classificar, Comparar, Correlacionar, Contrastar, Diferenciar, Editar, Examinar, Explicar, Agrupar, Inferir, Observar, Ordenar, Selecionar, Destacar, Relacionar, Questionar, Sequenciar, Esquematizar, Subdividir, Separar, Calcular, Apontar, Ilustrar, Testar, Discriminar, Deduzir, Diagramar, Explicar, Rever etc.
Avaliar	Avaliar, Escolher, Concluir, Comparar, Estimar, Explicar, Julgar, Selecionar, Contrastar, Revisar, Criticar, Determinar, Recomendar, Relatar, Suportar, Apoiar, Verificar, Testar, Priorizar, Detectar, Interpretar, Decidir, Defender, Averiguar, Justificar, Validar, Considerar etc.
Criar	Inovar, Organizar, Categorizar, Conectar, Construir, Coordenar, Criar, Desenvolver, Explicar, Formular, Enquadrar, Unir, Generalizar, Desenhar, Incorporar, Interagir, Integrar, Publicar, Rearranjar, Modelar, Refinar, Revisar, Reescrever, Sumarizar, Testar, Escrever, Produzir, Julgar, Estruturar, Projetar, Montar, Estabelecer, Inventar etc.

1.2 Alinhamento entre objetivos e resultados (AI)

Nessa etapa, os alunos vivenciam o objetivo de aprendizagem proposto alinhado com o currículo. Não se podem imaginar as atividades dissociadas dos objetivos de aprendizagem. Elas são estratégias de ensino que possibilitam a aprendizagem dos alunos. Elas estimulam o engajamento dos alunos e o desenvolvimento das suas competências.

Planejamento cuidadoso e a implementação das atividades/dinâmicas irão ajudar seus alunos a produzirem o que se espera. Para isso, alguns estágios devem ser obedecidos.

Estágio 1: Planejando a atividade

Decida nesse momento como isso pode:

- Desenvolver as competências requeridas no seu programa/curso.
- Alinhar-se com os objetivos de aprendizagem do programa ou do curso, bem como seu nível cognitivo esperado.
- Relacionar-se com a atividade anterior feita.
- Ser realizado, se em grupo, em dupla ou individualmente.
- Ser quebrado em atividades menores para evitar sobrecarregar os alunos.
- Ter valor para o aluno e para você. A atividade deve ser significativa a ponto de despertar motivação, interesse e engajamento. O professor pode fazer uma consulta prévia com os estudantes para ouvir deles quais dinâmicas eles acham mais interessantes e motivadoras. Atente para o fato de que cada objetivo educacional demanda uma dinâmica diferente.

Você também deve decidir nesse estágio:

- A duração da atividade/dinâmica e as datas de entregas parciais de trabalhos dos alunos.
- Os componentes de avaliação e seu peso.
- Tipo de rubrica, se nota, conceito, passa/repete.
- Tipo de *feedback* a ser dado, oral, escrito.
- Políticas a serem adotadas em caso de problemas como plágio, entrega fora do prazo etc.
- Os recursos a serem utilizados para a aplicação da atividade.

Um fator que pode restringir a aprendizagem do aluno é o grau de segurança que o professor tem no emprego de algumas atividades. Ele pode deixar de escolher uma atividade mais eficaz porque o grau de segurança na sua adoção é baixo ou ele tem medo de inovar. Pode se desenvolver para o emprego dessas estratégias ou dinâmicas por meio de cursos educacionais presenciais ou *on-line* (por exemplo, Coursera) ou vídeos de instituições de ensino. Outros fatores que podem influenciar a escolha da atividade são a disponibilidade, a formação ou a experiência do aluno.

 Para mais detalhes sobre os cursos que a **Coursera** oferece, acesse o código ao lado ou: **http://uqr.to/g3a8**. Acesso em: 2 out. 2019.

Estágio 2: Implementando

Prepare uma descrição da atividade que considere as seguintes partes: **situação** com a relevância e informações antecedentes, a **tarefa**, **estágios** e as **datas**, **critérios de avaliação**.

Coloque também referências e fontes de informação para ajudar o aluno a executar a atividade ou a dinâmica quando for necessário. Quando você for distribuir a atividade, certifique-se de que os alunos entenderam o que deve ser realizado e o que é esperado deles.

A seguir, listamos alguns exemplos de atividades de aprendizagem. Lembre-se de que a escolha de uma atividade deve ser adequada à complexidade do objetivo a ser avaliado (veja adiante no tópico 1.3, Resultados).

- **Estudo de caso:** requerer do aluno análise e tomada de decisão.
- **Mapas conceituais:** representação gráfica de um conjunto de conceitos construídos de tal forma que as relações entre eles sejam evidentes. Um bom mapa deve ter quatro critérios: agrupamento, conceitos bem definidos nas caixas, hierarquia em que os conceitos mais amplos se situam nos níveis superiores e conceitos mais específicos nos níveis inferiores do mapa e, por fim, elementos de ligação que conectam os conceitos entre si.
- **Ações resolutivas:** alunos interagem na construção do conhecimento por meio de debates, seminários e pesquisas.
- **Aproximação entre teoria e prática:** estudos de exemplos reais; filmes ilustrativos ou notícias de jornais correlacionando a teoria com o ambiente empresarial em termos das estratégias, ferramentas de gestão e tecnologia utilizadas pelas organizações.
- **Trabalho interdisciplinar:** visão integrada dos conhecimentos, habilidades e bases tecnológicas, científicas e instrumentais que levam o aluno a construir e desenvolver determinadas competências.

O Quadro 1.2 demonstra como diferentes estratégias e dinâmicas se alinham aos diversos níveis cognitivos da Taxonomia de Bloom.

Quadro 1.2 Estratégias e dinâmicas alinhadas à taxonomia

Hierarquia cognitiva	Ilustrativo dos resultados de aprendizagem	Ilustrativo de atividade/ avaliação	Ilustrativo da estratégia instrucional
Lembrar	Reconhecer causas/ fatores comuns de uma determinada situação	*Clickers*: estudantes respondem a *quizzes* para avaliar seu conhecimento do material de leitura antes da aula	Professor realiza atividades de *brainstorming* para se chegar a essas causas ou fatores
Entender	Reconhecer conceitos de algumas ferramentas de marketing	Questões discursivas sobre como esses conceitos e ferramentas são aplicados nas empresas	Palestra de convidado demonstrando a aplicação desses conceitos na prática
Aplicar	Realizar um *focus group* de um assunto de marketing	Simular em sala como seria essa entrevista do *focus group*	Passar em sala vídeo desse *focus group* para ilustrar sua realização
Analisar	Examinar os resultados desse *focus group*	Analisar esses resultados à luz da teoria	Comparar os resultados com os de estudos semelhantes
Avaliar	Interpretar dados coletados usando alguma metodologia conhecida	Aplicar a metodologia nos dados coletados e interpretar seus resultados	Apresentação para seus colegas dos resultados obtidos
Criar	Desenvolver uma hipótese e desenhar um experimento	Relatório escrito descrevendo essa hipótese, a literatura por detrás e possíveis resultados esperados	Modelar esse experimento em uma situação real

Uma vez estabelecidos os objetivos de aprendizagem e as respectivas atividades com os alunos, os docentes devem assegurar que esses objetivos estejam ocorrendo também em outros cursos/programas ou disciplinas. Por exemplo, os objetivos que tratam de competências como resolução de problemas, trabalho em equipe, raciocínio crítico e analítico podem estar ocorrendo em uma variedade de outros cursos/programas, independentemente da área de conteúdo. Assim, quanto mais essas competências estiverem sendo desenvolvidas, maior a probabilidade de sucesso do aluno. As atividades podem ser adotadas de forma diversa para cada área de conteúdo, porém sempre suportando o desenvolvimento das competências.

1.3 Resultados (R)

Como dito anteriormente, a escolha de uma atividade de aprendizagem deve ser adequada à complexidade do objetivo a ser avaliado. Se o docente pretende avaliar nos alunos o desenvolvimento da competência visão sistêmica, ele deve escolher uma atividade que permita atingir esse objetivo. Nessa etapa, o docente irá pensar nas medidas para avaliar a aprendizagem.

A avaliação pode ser distinta de acordo com sua finalidade. Pode ser do tipo diagnóstica, em que o professor coleta evidências dos seus alunos logo no início do processo de aprendizagem, normalmente no início do curso ou do programa.

O outro tipo é a formativa ou de processo, em que o professor colhe evidências da aprendizagem do aluno mediante atividades que ele deve desenvolver ao longo do curso ou do programa. Dessa forma, o professor pode fazer intervenções, se necessárias, modificando suas atividades e/ou fornecendo *feedback* aos alunos.

Finalmente, temos a somativa ou de resultado, aplicada ao final do curso/programa. Ela possibilita ao professor obter insumos para analisar e revisar o planejamento do curso, em partes ou no seu todo.

Os instrumentos de avaliação devem ser capazes de medir o nível de aprendizagem do aluno e seu desenvolvimento quanto aos objetivos de aprendizagem propostos. Eles são os mesmos utilizados nas atividades de aprendizagem. A tríade de avaliação de acordo com sua finalidade será tratada no Capítulo 3.

Rubrica é uma ferramenta de avaliação que claramente indica os critérios de realização ao longo de todos os componentes de qualquer tipo de trabalho. Ela serve para auxiliar a avaliação das atividades e identificar os diferentes níveis de aprendizagem dos alunos. Também serve como instrumento de *feedback* aos alunos.

Um tipo de rubrica, a analítica, separa diversos componentes de avaliação na vertical de uma matriz e na horizontal os valores de avaliação, que podem ser expressos numericamente ou por letra, ou em escala que vai do pobre para o excepcional. Esse tipo de rubrica pode também permitir diferentes pesos para diferentes componentes.

No Quadro 1.3, temos um exemplo de rubrica e critérios sugeridos para avaliação de um mapa conceitual.

Quadro 1.3 Rubrica e critérios sugeridos para avaliação de um mapa conceitual

Critérios	Nível primário 0 – 4,0	Nível intermediário 4,01 – 6,0	Nível superior 6,01 – 8,0	Nível superior 8,01 – 10,0
Agrupamento				
Conceito				

[CONTINUA]

[CONTINUAÇÃO]

Critérios	Nível primário 0 – 4,0	Nível intermediário 4,01 – 6,0	Nível superior 6,01 – 8,0	Nível superior 8,01 – 10,0
Hierarquia				
Elementos de ligação				

Os componentes de avaliação são transformados em critérios nesse exemplo e os valores de avaliação são expressos em quatro níveis, cada um correspondendo a uma nota. O docente deverá avaliar o mapa conceitual dando nota para cada critério de forma individual e somar essas quatro notas para chegar à nota final dessa atividade. Assim, se ele der nota 5,0 para agrupamento, nota 6,0 de conceito, nota 7,0 de hierarquia e 3,0 de elementos de ligação; se todos os critérios tiverem o mesmo peso, a média aritmética será de 5,25. O docente pode sofisticar dando pesos diferentes para cada critério de acordo com a importância dada por ele.

Você pode realçar a experiência de aprendizagem dos alunos envolvendo-os no processo de desenvolvimento das rubricas. Isso pode resultar em maior experiência de aprendizagem, mas também possibilita a eles terem um maior sentido de propriedade e inclusão no processo de tomada de decisão.

1.4 Avaliação (Av)

Os resultados obtidos na etapa anterior irão permitir ao docente acompanhar e intervir no processo e comunicar aos alunos o seu desempenho e evolução no curso ou no programa.

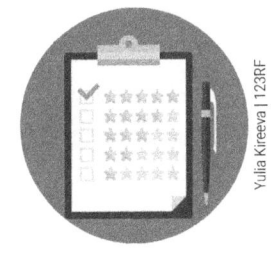

A comunicação ao aluno é parte essencial da aprendizagem e ligada à avaliação, notadamente a comunicação avaliativa. O uso de rubricas pode eliminar *feedbacks* subjetivos e focar nos aspectos de aprendizagem que necessitam de melhoras.

Uma dica pode ser listar cinco pontos fortes e cinco pontos fracos da atividade/dinâmica recebida dos alunos e sugerir mudanças para a próxima vez. Peça também que os alunos deem *feedback* avaliativo e apontem o que funcionou bem, o que pode ser melhorado, onde eles tiveram mais dificuldades e como você pode facilitar melhor o processo da próxima vez.

Dar e receber *feedback* é uma arte. Listo abaixo algumas dicas de como isso pode acontecer de maneira efetiva.

Recebendo *feedback*:

- Escute o *feedback* dado com atenção. Essa atitude faz você absorver e entender melhor a informação do que agir de forma defensiva e focando na sua resposta.
- Tome cuidado com sua linguagem corporal.

- Esteja aberto e receptivo a novas ideias e posições.
- Assegure-se de que entendeu bem a mensagem antes de responder.
- Avalie o valor do *feedback* e as consequências de adotá-lo ou não.

Dando *feedback*:

- Avalie a partir de uma evidência objetiva em mãos, como resultado de uma prova, trabalho ou atividade.
- Limite seu *feedback* para os itens mais importantes e que podem ser de valor para o aluno.
- Concentre-se no comportamento e não na pessoa.
- Prefira reforçar as coisas que o aluno fez bem para só então identificar as áreas de melhoria e maneiras/sugestões de fazer as mudanças.
- Procure ilustrar com situações ou exemplos seu *feedback* e ofereça alternativas para o aluno decidir o que fazer com ele.
- Esteja disponível para futuras conversas e mostre interesse pela melhoria do aluno.

1.5 Fechar o *loop* (F)

O último passo da Gestão de Aprendizagem é fechar o *loop* (F) desenvolvendo um plano de ação de melhoria como resultado de uma reflexão crítica. Engajar-se nessa reflexão crítica a partir do *feedback* avaliativo ajuda a pensar com mais clareza e sem viés o que pode ser melhorado. Isso vale tanto para o professor quanto para o aluno.

A nossa curiosidade pode nos motivar a engajarmo-nos em um processo reflexivo, conforme os modelos ilustrados nos Quadros 1.4 e 1.5:

Quadro 1.4 Estrutura de desenvolvimento de Borton

O que e com quem? (descrição da autorreflexão)	E daí? (análise)	E agora? (síntese)
Com quem compartilhei?	O que aprendi?	
O que aconteceu?	Qual a importância disso?	O que posso fazer agora?
O que fiz?	O que mais preciso fazer?	Quais são as consequências?
O que estava tentando fazer?	O que mais preciso saber?	Como posso melhorar?
Foi uma boa experiência?		

Fonte: Borton (1970).

Quadro 1.5 Estrutura de desenvolvimento de Zande

Lembrando	• O que eu realizei ou completei? • Que passos eu tomei para completar esse trabalho?
Entendendo	• Que novos insights eu desenvolvi como resultado desse trabalho? • Como minha perspectiva mudou após a realização dessas atividades?
Analisando	• Que desafios para meu pensamento atual esse trabalho provocou? • Como esse curso se conecta com os cursos anteriores?
Avaliando	• O que eu fiz bem? Que áreas preciso ainda melhorar? • Que faria diferente se eu fizesse de novo?
Criando	• Que próximos passos eu quero tomar como resultado dessa experiência de aprendizagem? • Que devo fazer para atingir meus objetivos?

Desenvolvido por Carleen Vande Zande (Vice-chanceler associado de Curricular Affairs da Universidade de Wisconsin).

Fonte: https://plonedev.uwosh.edu/zmi43/UniversityStudiesProgramOLD/for-faculty-and-staff/resources-for-your-students/eportfolio/reflection-resources.

Com base nos modelos ilustrados e a partir do *feedback* avaliativo dos alunos e da sua própria avaliação dos resultados, o professor deve desenvolver finalmente um plano de ação de melhorias que passa por:

- Melhorar na dinâmica ou pensar em outra para motivar melhor os alunos ou desenvolver melhor a competência.
- Melhorar a forma de avaliação e as rubricas ou a maneira como a aula é conduzida em sala, adotando outros métodos de ensino.

Conclusão

Ao concluir este capítulo, aproveito para retomar as questões colocadas inicialmente no caso de contextualização. Você não pretende repetir o exemplo de aula dos seus professores, pois seu intuito é assegurar a aprendizagem dos seus alunos. Seguir cada uma das etapas do processo de gestão da aprendizagem é uma forma segura de garantir que você está no caminho certo.

Antes de iniciar a preparação das suas aulas, você deve conhecer os seus alunos, isto é, seu perfil, como eles se saíram nas disciplinas anteriores e como sua disciplina se ajusta aos estudos deles no curso. Você deve ainda saber dos recursos didáticos que disporá tanto fora como dentro da sala de aula, bem como dos recursos de apoio que seus alunos terão, como monitores, uso de computadores e *softwares* nos laboratórios de informática.

Durante a preparação, estabeleça seus objetivos de aprendizagem, o que espera que seus alunos sejam capazes de alcançar ao final da sua disciplina. Para atingir esses objetivos, você deve pensar tanto nos métodos de ensino como nas atividades de aprendizagem que serão seus aliados. Por exemplo, caso você decida usar um estudo de caso para debater em sala com os alunos, deverá prepará-los para esse método de ensino, informando-os sobre sua importância para um raciocínio sistêmico, visão do conjunto e leitura prévia do caso.

Saber fazer uso de uma avaliação adequada pode lhe ajudar a entender os gaps de aprendizagem e fazer um *feedback* que permita ao aluno saber o que fazer para fechar esses gaps.

Como foi dito no início deste capítulo, ensinar é uma parte da equação e ela só se fecha com a aprendizagem pelos alunos.

Finalmente, nos próximos capítulos você irá se deparar com vários exemplos de situações práticas em que esse processo foi seguido.

Resumo esquemático

Processo da Gestão da Aprendizagem

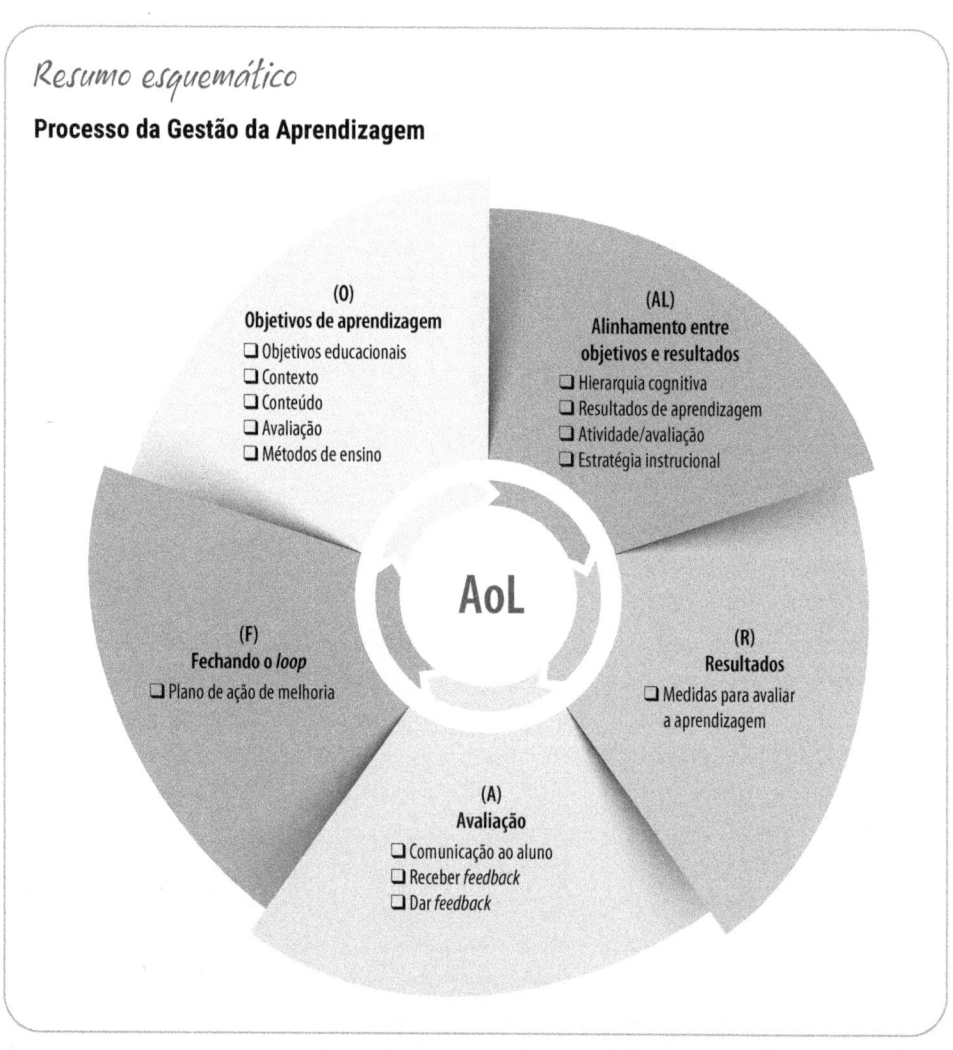

Questões para discussão

1. Descreva ou ilustre uma situação em que você aplicaria ou aplicou a Taxonomia de Bloom.
2. Escolha uma das cinco etapas da Gestão da Aprendizagem ou *Assurance of Learning* e descreva em forma de infográfico como você aplicaria no seu curso ou disciplina.

Ilustrar com um infográfico, conforme exemplos a seguir:

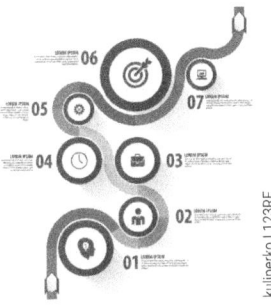

kuliperko | 123RF

Vadym Dybka | 123RF

Referências

BORTON, T. *Reach, touch and teach*. New York: McGraw-Hill Paperbacks, 1970.

CHING, H. Y.; SILVA, E. C. da. The use of Bloom's Taxonomy to develop competences in students of a business undergraduate course. *Journal of International Business Education*, 12: 107-126, 2017.

ELLIS, D. E. *Princípios fundamentais para um planeamento curricular eficaz*. Coimbra: Escola Superior de Educação de Coimbra, 2008. (Pedagogia no Ensino Superior, 2.)

FELDER. R. M.; BRENT, R. The ABC's of engineering education: Abet, Bloom's taxonomy, cooperative learning, and so on. *Proceedings of the 2004 American Society for Engineering Education Annual Conference & Exposition*, 2004.

KRATHWOHL, D. R. A revision of Bloom's taxonomy: an overview. *Theory into Practice*, 41(4), p. 212-218, 2002. Disponível em: https://doi.org/10.1207/s15430421tip4104_2.

CAPÍTULO 2

Assista ao **vídeo**

OBJETIVOS DE APRENDIZAGEM: DETERMINANTES DO PROCESSO ENSINO-APRENDIZAGEM

Mariana Lucas da Rocha Cunha

Objetivos de aprendizagem

- Compreender o que são objetivos de aprendizagem e qual a importância dos mesmos no planejamento dos cenários de educação.
- Aplicar os objetivos de aprendizagem de acordo com a Taxonomia de Bloom para obter os resultados de aprendizagem planejados.
- Propor estratégias de ensino para os alunos, de acordo com níveis de complexidade, para o desenvolvimento de resultados de aprendizagem esperados.

Caso de contextualização

José Silva é um professor bastante experiente, biomédico formado há mais de 12 anos. Atuou na área hospitalar por sete anos, e há aproximadamente cinco anos leciona no ensino superior, em disciplinas da área básica. Todos os anos, no período de planejamento anual, com bastante empenho seleciona o máximo de conteúdo possível para apresentar aos seus alunos, preocupa-se em abranger temas que acredita que os alunos não possam deixar de aprender. José faz pesquisa em base de dados, atualiza o material, prepara suas aulas teóricas e propõe exercícios de fixação. Este ano, excepcionalmente, a coordenação do curso, antes do início do planejamento anual, disponibilizou a todos os docentes material de leitura sobre a Taxonomia de Bloom. O objetivo da coordenação do curso ao propor a leitura desse material era apoiar os professores para a elaboração dos objetivos de aprendizagem, pois daquele semestre em diante os planos de ensino de cada disciplina seriam planejados de modo diferente. O professor José Silva já tinha ouvido falar sobre a Taxonomia de Bloom, mas nunca havia colocado isso em prática. Estava com muitas dúvidas em relação a como iria alinhar todo o conteúdo necessário a ser ensinado para os alunos e essa nova estratégia de planejamento das aulas. Em uma conversa com a professora Talita, outra colega de curso, José descobriu que ela também não sabia como elaborar os objetivos de aprendizagem. Juntos, resolveram então listar suas dúvidas para pesquisar e atender à nova proposta do curso:

- Para que servem os objetivos de aprendizagem?
- Como os objetivos de aprendizagem devem ser escritos?
- Por onde devemos começar? Pela seleção dos objetivos ou selecionamos o conteúdo e escrevemos os objetivos?
- As estratégias de ensino devem ser escolhidas primeiro ou depois da seleção dos objetivos?
- Como avaliamos os resultados dos objetivos?

De posse destas perguntas, os dois professores leram o material disponibilizado pela coordenação e ainda buscaram mais fundamentação teórica para iniciar o planejamento da disciplina. Veja o que eles descobriram acessando as informações sobre sala de aula invertida em Brame (2013). A coordenação do curso começou aplicando com os próprios professores um princípio interessante de ensino que é a sala de aula invertida. Isso minimiza a necessidade do professor de "cobrir" todo o conteúdo em sala de aula, ao se utilizar uma estratégia que se origina do termo inglês "Flipped Classroom", e oferece ao aluno a oportunidade de ir para a aula munido de conceitos básicos.

> **Link útil**
> Para saber mais sobre **sala de aula invertida**, acesse o código ao lado ou:
> **http://uqr.to/g3aa**. Acesso em: 2 out. 2019.

Introdução

O processo de planejamento em educação está diretamente relacionado à definição do conteúdo a ser abordado, à decisão por procedimentos ou de metodologias a serem utilizados, aos recursos disponíveis e aos instrumentos/processo de avaliação escolhidos. Todo esse processo deve estar alinhado, sobretudo, com os objetivos de aprendizagem destacados para a atividade de ensino determinada.

Ao iniciar a elaboração de um curso/aula/treinamento, é importante conhecer quem são os alunos para quem se destina esse projeto, além de definir os resultados que se pretende atingir ao realizá-lo. Definir os objetivos do curso ou aula envolve também refletir sobre como facilitar ou desenvolver o pensamento do aluno e, fundamentalmente, compreender o que é importante para os seus alunos. A importância pode ser pautada em aquisição de conhecimento necessária a esta etapa de formação ou aprimoramento e, ainda, algo a ser atingido no futuro, seja como profissional ou na profissão escolhida.

2.1 Objetivos de aprendizagem: definição e características

Os objetivos de aprendizagem devem ser definições claras e estruturadas com foco na aquisição de conhecimento e de competências adequadas ao perfil do aluno ou do profissional que se quer formar ou treinar. Os objetivos de aprendizagem direcionam o processo de ensino na escolha de estratégias, métodos, delimitação do conteúdo e de processos de avaliação, de modo específico e adequado.

Ao se delimitarem os objetivos de aprendizagem, há que se considerar o contexto geral do curso, aula ou treinamento, que transcende um conteúdo específico ou tema. Nesse sentido, algumas questões precisam ser feitas:

- Qual é o papel desse curso/aula/treinamento dentro desta proposta de aprendizagem e ensino?
- Outros docentes ou disciplinas dependem da aquisição deste objetivo ou desta habilidade específica para dar continuidade ao processo de aprendizagem e desenvolvimento do conhecimento do aluno em etapas subsequentes a essa formação?
- Como estes objetivos podem ser integrados com os do curso/aula/treinamento?

> **Fique atento**
>
> Essas questões estão alinhadas com a 2ª etapa do processo de gestão da aprendizagem do Capítulo 1 deste livro.

Os objetivos de aprendizagem são declarações claras e válidas do que os professores pretendem que os seus alunos aprendam e sejam capazes de fazer no final de uma sequência de aprendizagem. Têm claramente a função de orientação do ensino, da aprendizagem e da avaliação.

Planejar um curso, aula ou treinamento a partir dos objetivos de aprendizagem conduz o professor a escolher estratégias que vão auxiliar o desenvolvimento do conhecimento, habilidades ou atitudes dos alunos. Os objetivos de aprendizagem, ao estabelecerem relações entre níveis de aquisição dessas competências, de modo hierárquico, promovem aprendizagem centrada no aluno, uma vez que possibilitam avaliar a necessidade e a capacidade de desenvolvimento desse aluno, passo a passo, em uma sequência lógica.

O aprendizado é permeado pela motivação, pelo envolvimento e pela autonomia dos alunos. Ao considerar esses aspectos, o professor estará engajado em planejar propostas de aprendizagem que poderão ser denominadas experiências de aprendizagem, tendo como substrato o ensino centrado no aluno.

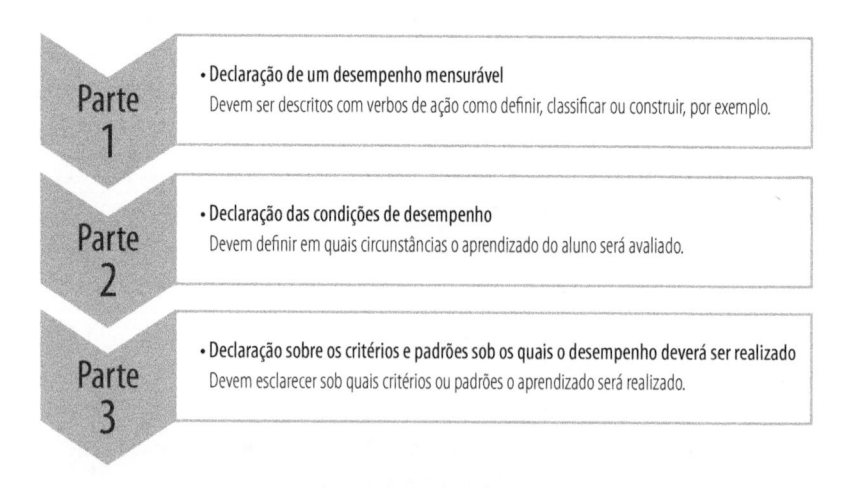

As características dos objetivos de aprendizagem podem ser sintetizadas em três partes específicas, como mostrado na Figura 2.1.

Parte 1
- Declaração de um desempenho mensurável
  Devem ser descritos com verbos de ação como definir, classificar ou construir, por exemplo.

Parte 2
- Declaração das condições de desempenho
  Devem definir em quais circunstâncias o aprendizado do aluno será avaliado.

Parte 3
- Declaração sobre os critérios e padrões sob os quais o desempenho deverá ser realizado
  Devem esclarecer sob quais critérios ou padrões o aprendizado será realizado.

Figura 2.1 Características dos objetivos de aprendizagem.
Fonte: Nilson (2010).

Ao selecionar os verbos, há que se evitar aqueles que representam ações ou estados internos, difíceis de mensurar ou definir critérios específicos, como saber, aprender ou entender. Nesses casos, tais verbos estão relacionados à percepção ou retenção pela inteligência, algo difícil de quantificar.

Para serem específicos, os objetivos têm de ser formulados usando verbos de ação (por exemplo: indicar, referir, explicar...) que apontem para comportamentos dos alunos com possibilidade de serem observados pelo professor, e também para que os alunos sejam capazes de perceber se dominam o conteúdo ou competência visados no objetivo. Isto é, que os alunos, de forma oral ou escrita, possam evidenciar comportamentos reveladores de que dominam ou não o conteúdo/competência a que o objetivo se refere.

> **Fique atento**
>
> No Capítulo 1, você tem disponível uma lista de verbos de ação recomendados para a elaboração dos objetivos de aprendizagem.

2.2 Tipos de habilidades e os níveis da Taxonomia de Bloom

Os objetivos podem ter o foco de desenvolvimento de habilidades em diferentes níveis. As habilidades de aprendizagem estão representadas no Quadro 2.1.

Quadro 2.1 Tipos de habilidades no aprendizado

Habilidades	
Habilidades psicomotoras	Capacidade de manipular objetos de forma correta e eficiente para realizar uma finalidade específica.
Habilidades afetivas	Conjunto de aptidões emocionais que seus alunos precisam desenvolver.
Habilidades sociais	Resultados que influenciam o trabalho em equipe e aprendizagem em grupo. Muitos professores querem e devem ajudar os alunos a desenvolverem capacidades de colaboração, de forma eficaz em uma equipe. As habilidades são tanto o produto do grupo como as avaliações dos pares, ou seja, dos mesmos membros do grupo.
Habilidades éticas	Considerações morais e implicações de várias opções para tornar profissionais ou científicas as decisões técnicas e de negócios.
Habilidades cognitivas	Desenvolver termos, conceitos, ideias, relacionamentos, padrões, conclusões sobre determinado tema ou assunto.

Fonte: Nilson (2010).

Bloom desenvolveu em 1956 uma taxonomia útil para estruturar resultados cognitivos de aprendizagem. Bloom é um psicólogo educacional americano e, com os colaboradores Max Englehart, Edward Furst, Walter Hill e David Krathwohl, publicou uma estrutura para categorizar metas educacionais: Taxonomia de Objetivos Educacionais (Hall, 2015). A taxonomia mencionada está esquematizada na Figura 2.2.

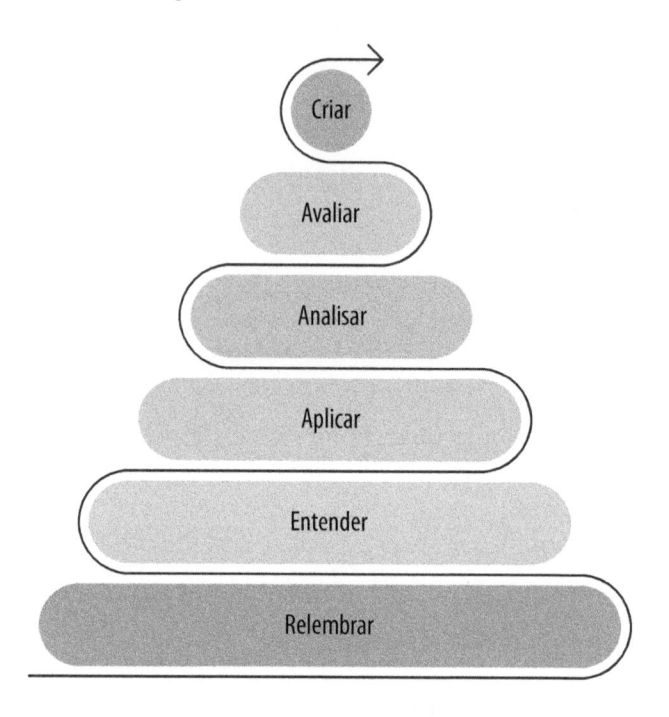

Figura 2.2 Taxonomia de Bloom.
Fonte: adaptada de Hall (2015).

> **Link útil**
> Para saber mais sobre a **Taxonomia de Bloom** – original e revisada –, acesse o código ao lado ou: **http://uqr.to/g3ad**. Acesso em: 2 out. 2019.

Sua estrutura indica uma hierarquia de seis níveis cognitivos, passando do processo mais concreto, em nível menor de abstração como lembrar do conhecimento armazenado por meio de várias estratégias, para os níveis mais abstratos e mais elevados de avaliação (Nilson, 2010).

Em 2001, a Taxonomia de Bloom foi revisada por um grupo de psicólogos cognitivos, liderados por Lorin Anderson (ex-aluno de Bloom). A revisão da taxonomia é caracterizada por verbos para rotular novamente as seis categorias e incluiu "palavras de ação" para descrever os processos cognitivos pelos quais os alunos encontram e trabalham com conhecimento (Hall, 2015).

Ao se estabelecer a linha de raciocínio para a proposição de objetivos de aprendizagem baseada na Taxonomia de Bloom, de modo hierárquico, como dito anteriormente, faz sentido pensar em resultados de aprendizagem a longo prazo, ou finais, em primeiro lugar. Isso significa entender que objetivos finais exigem altos níveis de pensamento do aluno, como aplicação, análise, síntese ou avaliação de uma situação. Faz-se necessária a combinação de habilidades que os alunos deveriam ter adquirido mais cedo no curso.

Os objetivos de aprendizagem servirão para que os alunos consigam relembrar ou reunir fatos básicos, processos e definições de termos e conceitos essenciais. Nessa etapa, os alunos conseguem lembrar ou compreender uma quantidade razoável de ideias e informações que atuarão como base para os demais níveis de aprendizagem.

Ao se imaginar o processo de aprendizagem permeado por etapas superadas (no sentido de desafios resolvidos) e que de alguma forma servem de base para consolidação da aquisição de determinada competência, os objetivos fundamentais são aqueles que servirão de base de sustentação para a etapa seguinte ou para a aquisição dos objetivos finais.

Os resultados finais são, em última instância, o que há de mais desafiador ou cognitivamente mais avançado no contexto de aprendizagem. Para atingi-los, os alunos precisam ter adquirido ou assimilado habilidades mais simples no início do curso, ou seja, objetivos fundamentais (Nilson, 2010).

A mesma autora define ainda mais um tipo de objetivo de aprendizagem, que consiste nos intermediários. Para esta etapa, concentra-se nas mãos do professor ou instrutor definir a mais lógica e eficiente ordem para que os alunos desenvolvam ou adquiram essas habilidades mediadoras. Essas habilidades precisam, também, ser precisamente definidas para aquisição dos resultados finais e há que se considerar que podem ter uma ordem interna própria de lógica.

Na fase de aplicação dos conceitos, os alunos se envolvem em uma combinação de pensamento crítico, prático e criativo; adquirem habilidades-chave; e aprendem a gerenciar complexos projetos, tornando úteis outros tipos de aprendizado.

"É evidente que um estudante tem de ser capaz de definir certos conceitos, declarar certos princípios e recordar certos fatos antes de pensar sobre eles de maneira mais complexa" (Nilson, 2010).

Além do domínio cognitivo apresentado na taxonomia, a literatura destaca ainda os domínios afetivo e psicomotor, respectivamente abordados por Krathwohl e Harrow (Hall, 2015).

Resumindo, algumas orientações gerais para ajudá-lo a propor objetivos de aprendizagem adequados são:

- Conheça o perfil dos alunos, isso poderá direcionar o curso para as necessidades e nível dos estudantes.
- Conheça os recursos disponíveis, inclusive considere o tempo para o desenvolvimento desses objetivos.

- Considere metas curriculares e, em especial, os descritores de desempenho que devem constituir a base de trabalho dos professores, quando estabelecem os objetivos de aprendizagem para os seus alunos (a depender do tipo do curso ou treinamento).
- Os objetivos devem ser desafiadores para o aluno e, simultaneamente, realistas e atingíveis. O esforço para atingir objetivos desafiadores e realistas resulta em níveis de satisfação e de motivação mais elevados, comparativamente com o que acontece quando os objetivos são mais fáceis de atingir ou mal dimensionados para o nível do aluno.
- O compromisso dos alunos com os objetivos assegura que persistam nas tarefas, na tentativa de os atingir. Mas, para que se motivem a tentar atingi-los, é determinante que os objetivos sejam específicos e claros.

2.3 O papel do professor em relação aos objetivos de aprendizagem

Vale destacar que é de importância indiscutível que o professor apresente os objetivos de aprendizagem no início da aula, curso ou treinamento. Assim como os retomem ao final da atividade. Isso auxilia o engajamento e a consolidação do que foi aprendido. Apresentar os objetivos de desempenho e pedir aos alunos que os expliquem por suas próprias palavras pode colaborar com uma compreensão clara do que é mais importante em cada aula/curso e permite que, de forma mais consciente, para professores e alunos, os esforços de aprendizagem se concentrem nas necessidades de aprendizagem.

O professor pode desempenhar um papel importante em dois níveis:

- Primeiro, definindo objetivos de aprendizagem que orientem a seleção das atividades de aprendizagem e avaliação. Ou seja, descrevendo, em termos mais específicos, o que é a realização da atividade (desempenho) de forma bem-sucedida (critérios de sucesso) e estabelecendo as bases para os alunos serem capazes de se autoavaliarem na aprendizagem e saberem o que devem fazer em seguida.
- Segundo, proporcionando o envolvimento dos alunos no processo de definição dos objetivos, prestando-lhes, para isso, a ajuda necessária para que definam os seus próprios objetivos de aprendizagem. O compromisso dos alunos com os objetivos assegura que persistam nas tarefas, na tentativa de os atingir; mas, para que os alunos se motivem a tentar atingi-los, é determinante que os objetivos sejam específicos e claros.

Como apresentado no Capítulo 1, outra etapa importante no processo de gestão da aprendizagem é a avaliação, ou seja, o julgamento sobre a qualidade dos resultados atingidos pelo aluno que irá guiar a tomada de decisão do professor na organização das próximas etapas do curso. Não há avaliação se ela não traz um diagnóstico que contribua para melhorar a aprendizagem. É nesse sentido que a Taxonomia de Bloom pode contribuir, ou seja, para o estabelecimento de critérios que facilitem a objetividade e rompam com a subjetividade do processo avaliativo.

É importante reforçar que se os professores definirem objetivos de aprendizagem de forma clara e se os alunos também compreenderem amplamente o que se pretende que saibam e sejam capazes de fazer no final de uma sequência de aprendizagem, com segurança, ambos obterão resultados mais positivos – respectivamente, no processo de ensino e no processo de aprendizagem.

Conclusão

- Os objetivos de aprendizagem têm claramente a função de orientação do ensino, da aprendizagem e da avaliação.
- Os objetivos de aprendizagem devem:
  - ser definições claras e estruturadas, com foco na aquisição de conhecimento e de competências adequadas ao perfil do aluno;
  - ser formulados usando verbos de ação (por exemplo: indicar, referir, explicar) para serem específicos;
  - ser desafiadores para o aluno e, simultaneamente, realistas e atingíveis.
- Antes de propor objetivos de aprendizagem, há que se considerar o contexto geral do curso, aula ou treinamento. Desse modo, ao se conhecer o aluno (ou turma), o(s) objetivo(s) esperado(s) para aquela população deve(m) ser elaborado(s) para que a partir daí o conteúdo e as estratégias de aprendizagem sejam definidas.
- Para se avaliarem os resultados atingidos, os objetivos de aprendizagem devem estabelecer relações entre níveis de aquisição das competências ou habilidades, de modo hierárquico, promovendo aprendizagem centrada no aluno.
- A Taxonomia de Bloom, ao orientar a elaboração dos objetivos de forma clara e objetiva, influencia diretamente no processo de avaliação, ao minimizar a subjetividade de quem julga os resultados atingidos pelo aluno.

Cabe considerar ainda que é de indiscutível importância que o professor apresente os objetivos de aprendizagem no início da aula, curso ou treinamento. Assim como os recapitule ao final da atividade.

Resumo esquemático

Objetivos de aprendizagem: determinantes do processo ensino-aprendizagem

(O) Objetivos de aprendizagem
- ❑ Objetivos educacionais
- ❑ Contexto
- ❑ Conteúdo
- ❑ Avaliação
- ❑ Métodos de ensino

(AL) Alinhamento entre objetivos e resultados
- ❑ Hierarquia cognitiva
- ❑ Resultados de aprendizagem
- ❑ Atividade/avaliação
- ❑ Estratégia instrucional

AoL

(F) Fechando o *loop*
- ❑ Plano de ação de melhoria

(R) Resultados
- ❑ Medidas para avaliar a aprendizagem

(Av) Avaliação
- ❑ Comunicação ao aluno
- ❑ Receber *feedback*
- ❑ Dar *feedback*

Questões para discussão

1. Por que o professor ou instrutor deve iniciar o planejamento de suas aulas ou de seu curso pela definição de objetivos de aprendizagem?
2. Cite três aspectos que devem ser considerados ao se estabelecer os objetivos de aprendizagem.
3. Quais são as três principais características dos objetivos de aprendizagem de acordo com Nilson (2010)?
4. Os objetivos de aprendizagem podem ter o foco no desenvolvimento de habilidades em diferentes níveis. Cite as cinco habilidades de aprendizagem que podem ser desenvolvidas pelos alunos.
5. A Taxonomia de Bloom indica uma hierarquia de seis níveis cognitivos, passando do processo mais concreto para os níveis mais abstratos e mais elevados de avaliação. Cite estes seis níveis cognitivos.

Referências

BRAME, C. Flipping the classroom. Vanderbilt University Center for Teaching, 2013. Disponível em: <http://cft.vanderbilt.edu/guides-sub-pages/flipping-the-classroom>.

FERRAZ, A. P. C. M.; BELHOT, R. V. Taxonomia de Bloom: revisão teórica e apresentação das adequações do instrumento para definição de objetivos instrucionais. *Gest. Prod.* [on-line]. v. 17, n. 2, p. 421-431, 2010. ISSN 0104-530X. Disponível em: <http://dx.doi.org/10.1590/S0104-530X2010000200015>.

HALL, M. A guide to Bloom's taxonomy. 2015. Disponível em: <https://ii.library.jhu.edu/2015/01/30/a-guide-to-blooms-taxonomy>. Acesso em: 3 out. 2018.

NILSON, L. B. *Teaching as its best*: a research-based resource. 3. ed. San Francisco: Wiley, 2010.

SHINGLES, R. A guide to Bloom's taxonomy.

SILVA, M. H. S.; LOPES, J. P. Três estratégias básicas para a melhoria da aprendizagem: objetivos de aprendizagem, avaliação formativa e feedback. *Revista Eletrônica de Educação e Psicologia*, v. 7, p. 12-31, 2016.

SVINICKI, M.; MCKEACHIE, W. C. *Dicas de ensino*: estratégias, pesquisa e teoria para professores universitários. 13. ed. São Paulo: Cengage Learning, 2012.

TREVISA, A. L.; AMARAL, R. G. A taxonomia revisada de Bloom aplicada à avaliação: um estudo de provas escritas de matemática. *Ciênc. Educ.*, 22 (2): 451-64, 2016.

CAPÍTULO 3

A AVALIAÇÃO NA GESTÃO DA APRENDIZAGEM: COLETA, ANÁLISE E *FEEDBACK*

Dolores Maria Sereno Galvão Vilaça

Objetivos de aprendizagem

- Explicar o que é a avaliação e sua importância no planejamento.
- Descrever as modalidades de avaliação (Por que avaliamos?).
- Explicar a função da avaliação (Para quem avaliamos?).

Caso de contextualização

Você é professor do quarto período do curso de Engenharia, em uma disciplina que faz parte de uma trilha de aprendizagem de três disciplinas no total. Em levantamento realizado pelo coordenador do curso, você identificou que sua disciplina tem maior taxa de reprovação que as demais e que os alunos demonstram um bom aproveitamento na disciplina anterior e na subsequente. Indignado, você reflete sobre seu processo de avaliação, que atualmente está limitado à avaliação final do curso. Conversando com seus colegas, você se questiona:

a) Quais informações da disciplina anterior poderiam ser importantes para detectar dificuldades específicas de aprendizagem no desenvolvimento dos objetivos de aprendizagem da minha proposta curricular?

b) Como posso fazer a gestão do processo de aprendizagem durante os seis meses do curso para diminuir a taxa de reprovação da minha disciplina?

c) Como meus alunos entendem meu processo avaliativo?

d) Como posso utilizar meu processo avaliativo para a melhoria contínua da aprendizagem?

Introdução

A avaliação é o processo de coleta e análise de dados, que pode ser realizado em momentos diversos do processo de ensino-aprendizagem, tendo como finalidade verificar se os objetivos de aprendizagem foram alcançados de acordo com o planejamento e destinam-se ao contínuo desenvolvimento do processo educacional. Esse processo compõe o terceiro, o quarto e o quinto passos do *Assurance of Learning* (AoL), de acordo com o *AACSB International White Paper on Assurance of Learning Standards: an Interpretation* 2013), debatido no Capítulo 1. Ele responde às seguintes questões:

- Como e quando os alunos atingirão os objetivos?
- Como os alunos irão demonstrar essa realização?

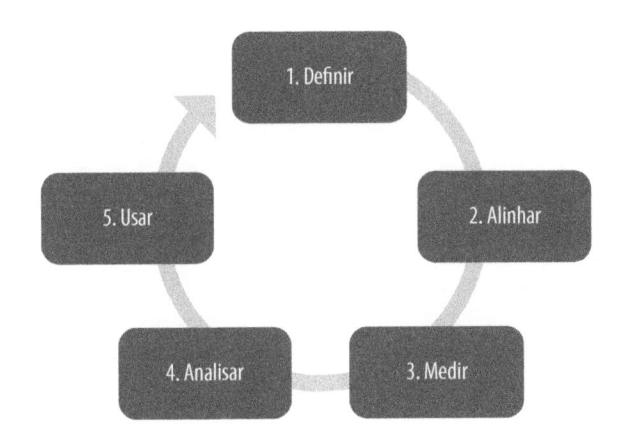

Figura 3.1 Utilização de processo sistemático e contínuo de avaliação para monitoramento e melhoria contínua dos programas educacionais.

1. **Definir:** defina os objetivos de aprendizagem do programa.
   - Quais são as coisas mais importantes que nossos alunos devem alcançar em nosso programa?
   - Quais são as nossas expectativas?

2. **Alinhar:** alinhe o currículo com os objetivos definidos.
   - Como e quando eles irão alcançar esses objetivos?

3. **Medir:** identifique os instrumentos de medição do aprendizado.
   - Como e quando eles saberão que atingiram os objetivos de aprendizagem?
   - Como os estudantes demonstrarão esse desenvolvimento?

4. **Analisar:** colete, analise e dissemine informações desta avaliação.
   - Quão bem os objetivos foram alcançados?
   - Isso está dentro do seu padrão?
   - Onde eles foram bem e onde não tão bem assim?
5. **Usar:** use as informações de avaliação para melhoria contínua, incluindo a documentação de que o processo de avaliação está sendo realizado de maneira sistemática e contínua.
   - O que podemos aprender e compartilhar?
   - O que faremos se os objetivos de aprendizagem não forem alcançados?

Analisando os passos definidos na gestão de aprendizagem, é possível constatar que os instrumentos de avaliação não devem ser pensados de forma isolada, pois estão diretamente ligados à mensurabilidade dos objetivos de aprendizagem, definidos no início do processo educacional. Segundo Haydt (1997), "a avaliação é um método, um instrumento; portanto, ela não tem fim em si mesma, mas é sempre um meio, um recurso, e como tal deve ser usada".

No entanto, não é sempre essa utilização que encontramos em alguns espaços educacionais, estando a avaliação ligada ao processo de atribuição de nota e/ou reprovação e aprovação. Este capítulo objetiva esclarecer a função da avaliação no processo de ensino-aprendizagem e possibilitar seu uso enquanto instrumento para melhoria contínua de nossa ação educativa.

Nesse sentido, cabem alguns questionamentos: Por que avaliamos? Para que serve a avaliação? Para quem serve a avaliação? Como avaliamos? Primeiramente, iremos debater esses questionamentos e sistematizar a tríade de avaliação para os professores interessados em aprimorar a análise dos resultados, sua avaliação e o seu respectivo *feedback* aos alunos.

3.1 Por que avaliamos?

Avaliamos para coletar dados quantitativos e qualitativos do processo de ensino-aprendizagem. A avaliação tem a função básica de identificar se os objetivos de aprendizagem, definidos no planejamento educacional, foram atingidos. Com ela, verificamos o desenvolvimento dos alunos com relação aos objetivos e podemos intervir e replanejar a ação educativa. Ainda segundo Haydt, é possível elencar cinco funções básicas:

- Conhecer os alunos.
- Identificar as dificuldades de aprendizagem.
- Determinar se os objetivos propostos para o processo ensino-aprendizagem foram ou não atingidos.
- Aperfeiçoar o processo ensino-aprendizagem.
- Promover os alunos.

Essa relação entre a avaliação e os objetivos de aprendizagem nos apresenta alguns pressupostos importantes para que se possa avaliar. Os objetivos devem ser formulados de forma clara e mensurável para que sirvam como guia na escolha e elaboração dos instrumentos mais adequados de avaliação.

Portanto, a avaliação completa sua finalidade na medida em que está articulada a um projeto pedagógico. "A prática da avaliação da aprendizagem em seu sentido pleno, só será possível na medida em que estiver efetivamente interessado na aprendizagem do educando" (Luckesi, 2008, p. 99). Para tal, a avaliação retira o aluno da posição passiva de receptivo do conhecimento e o torna autônomo no processo de ensino e aprendizagem.

De acordo com a finalidade de uso dos resultados, apresentamos no Quadro 3.1 a tríade avaliativa – diagnóstica, formativa e somativa.

Quadro 3.1 Tríade avaliativa

Modalidade	Função Principal	Propósito
Diagnóstica	Coletar evidências	Detectar dificuldades específicas de aprendizagem.
Formativa	Gestão contínua da aprendizagem	Constatar o desenvolvimento e o alcance dos objetivos de aprendizagem.
Somativa	Classificar	Classificar os resultados obtidos de acordo com os parâmetros de determinado sistema educacional.

Avaliação diagnóstica: este instrumento realiza a coleta de evidências sobre o estágio de aprendizagem do ingresso na proposta avaliativa. A análise desse resultado facilita a adequação da proposta de ensino e aprendizagem, especialmente na definição de objetivos de aprendizagem.

Avaliação formativa: este instrumento pode ser utilizado durante o processo de aprendizagem e tem o papel central de acompanhar o desenvolvimento dos alunos, de acordo com os objetivos de aprendizagem, possibilitando a intervenção por meio do *feedback* e/ou readequação dos planos de ensino. Segundo Perrenoud (2000, p. 49), "para gerir a progressão das aprendizagens, não se pode deixar de fazer balanços periódicos das aquisições dos alunos". Aqui, podemos utilizar ferramentas diversas no decorrer do processo, segundo Afonso (2004, p. 92):

> Os professores sabem que é a avaliação formativa que lhes possibilita acompanhar a par e passo as aprendizagens dos alunos, que permite ajudá-los no seu percurso escolar cotidiano e que é talvez a única modalidade de avaliação fundamental no diálogo e congruente com um reajustamento contínuo do processo de ensino, para que todos cheguem a alcançar com sucesso os objetivos definidos e a revelar as suas potencialidades criativas.

A avaliação formativa possibilita intervenções automáticas e *feedback* aos alunos.

Avaliação somativa: este instrumento é utilizado ao final do processo de ensino-aprendizagem. Sua análise possibilita ao docente revisar o planejamento do curso. A depender do nível de ensino, está também relacionada às avaliações externas e possui características informativas e verificadoras para indicar o alcance/desenvolvimento das competências e habilidades alcançadas ao final de determinada etapa de ensino.

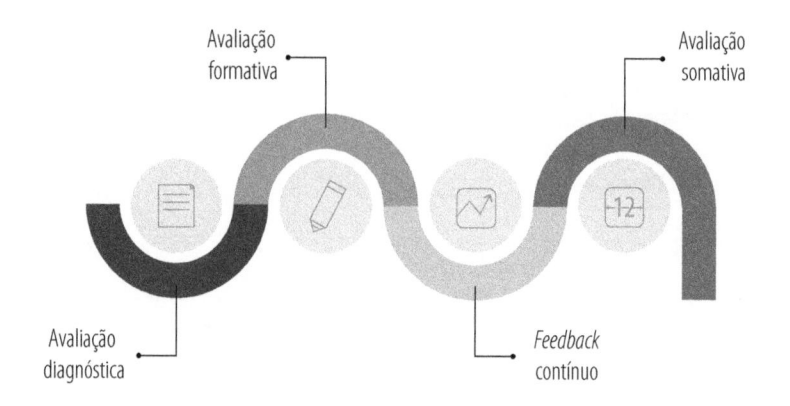

Figura 3.2 Funções complementares.

Avaliação diagnóstica: definição de novos objetivos, definição de estratégias de aprendizagem, inclusão de novos conteúdos.

Avaliação formativa: gestão contínua de aprendizagem, especialmente nos programas que têm divisões em módulos ou períodos temporais.

Avaliação somativa: informar o aluno e o professor sobre o resultado da aprendizagem. Permite a reformulação dos objetivos de aprendizagem, estratégias de ensino e proposta curricular.

3.2 Para que serve a avaliação?

A função primordial da avaliação é de orientar a prática educativa. A coleta de dados da avaliação deve servir para gestão da aprendizagem e para melhoria contínua dos programas educacionais. Também, por esse motivo, devemos nos afastar das premissas da pedagogia tradicional que entende a avaliação com o caráter punitivo de reprovar e classificar os alunos.

A depender do instrumento escolhido para sua proposta, você pode utilizar os dados para diferentes propósitos, como vimos na seção anterior. A avaliação diagnóstica serve para orientar o desenho do programa, elementos como objetivos de aprendizagem, estratégias de aprendizagem, conteúdo programático e a definição das habilidades/competências a serem desenvolvidas. A avaliação formativa funciona para a gestão contínua da aprendizagem e tem um grande foco no *feedback* para que os alunos desenvolvam a autonomia no seu desenvolvimento educacional. Já a avaliação somativa, como indicado na Figura 3.1, coleta dados e informações que devem ser utilizados para melhoria contínua do curso, realizada de forma sistemática e contínua para que o professor acompanhe o desenvolvimento dos objetivos de aprendizagem determinados para uma proposta educacional.

3.3 Para quem serve a avaliação?

Como ação dinâmica, a avaliação figura enquanto instrumento importante tanto para o corpo docente quanto para o corpo discente. Para o primeiro, possibilita a melhoria contínua do processo de ensino e aprendizagem; para o segundo, possibilita o *feedback* de sua aprendizagem e fortalece a autonomia da educação. Por meio do *feedback*, o aluno pode conhecer seu progresso e suas dificuldades no processo de aprendizagem.

3.4 Como avaliamos?

Debatemos até agora o entendimento de que a avaliação deve ser formulada como forma de mensurar o aprendizado dos alunos, alinhada aos objetivos de aprendizagem propostos no desenho do programa educacional, e que deve ser um instrumento importante tanto para o docente quanto para o discente. Sabemos que existem três formas avaliativas com diferentes finalidades. Mas como avaliar? Como fazemos a escolha dos instrumentos de avaliação?

Como vimos na introdução, a avaliação é o processo de análise e coleta de dados, enquanto os recursos que são utilizados para viabilizar essa coleta e análise são chamados de **instrumentos de avaliação**.

Segundo Haydt (2006, p. 296), para avaliar o aproveitamento do aluno existem três técnicas básicas: observação, autoavaliação e aplicação de provas, e uma variedade de instrumentos de avaliação. Ao selecionar as técnicas e os instrumentos de avaliação da aprendizagem, o professor precisa considerar os seguintes aspectos:

- Os objetivos visados para o ensino-aprendizagem (aplicação de conhecimentos, habilidades, atitudes).
- A natureza do componente curricular ou área de estudo.
- Os métodos e procedimentos usados no ensino e as situações de aprendizagem.
- As condições de tempo do professor.
- O número de alunos da classe.

A adequação do instrumento utilizado também está ligada aos objetivos de aprendizagem – a avaliação deve ser capaz de medir sua tangibilidade. Os objetivos e habilidades definidos inicialmente representam duas informações essenciais: O que será avaliado? O que é fundamental que meu aluno saiba?

Portanto, definir claramente o que o aluno deve ser capaz de fazer ao final do processo de ensino-aprendizagem é primordial para a escolha correta do instrumento avaliativo que irá coletar e analisar a aprendizagem do aluno. A seleção do instrumento de avaliação, dessa forma, deve ser realizada durante o processo de planejamento do ensino (P).

Portanto, se o curso é planejado (P) de acordo com objetivos de aprendizagem, desenhado de acordo com a Taxonomia de Bloom, então esses objetivos podem ser utilizados para construir sua proposta avaliativa (A). Tal premissa nos direciona à Taxonomia de Bloom revisada, proposta por Lorin Anderson e David Krathwohl no livro *A taxonomy for learning, teaching and assessing* (Anderson; Krathwohl, 2001). Nessa revisão, os autores incorporam o material a ser aprendido (dimensão do conteúdo) ao processo usado pelos alunos para aprenderem (dimensão do processo).

Tal revisão em estrutura bidimensional facilita o processo de adequação dos objetivos alinhados com as técnicas de avaliação da aprendizagem. Na Tabela 3.1, apresentamos a proposição para as duas dimensões.

Tabela 3.1 Dimensão do conteúdo e do processo

Dimensão do conteúdo	1. Recordar	2. Entender	3. Aplicar	4. Analisar	5. Avaliar	6. Criar
Factual						
Conceitual						
Procedimental						
Metacognitiva						

Na **dimensão do processo**, a principal mudança diz respeito aos níveis 5 e 6, e a dimensão de conteúdo, introduzida pelos autores, pode ser definida como:

- **Conhecimento factual:** conhecimento básico para disciplinas específicas. Essa dimensão é composta por fatos, terminologia, detalhes ou elementos essenciais que os alunos devem conhecer ou com os quais devem estar familiarizados para entender uma disciplina ou resolver um problema.
- **Conhecimento conceitual:** conhecimento de classificação, princípios, generalizações, teorias, modelos ou estruturas pertinentes a uma área disciplinar específica.
- **Conhecimento procedimental:** refere-se a informações ou conhecimentos que ajudam os alunos a fazer algo específico para uma disciplina, assunto ou área de estudo. Também se refere a métodos de pesquisa, habilidades muito específicas ou finitas, algoritmos, técnicas e metodologias específicas.
- **Conhecimento metacognitivo:** é a consciência da própria cognição e processos cognitivos particulares. É um conhecimento estratégico ou reflexivo sobre como resolver problemas, tarefas cognitivas, como incluir conhecimento contextual e condicional no conhecimento em si mesmo.

Identificar não apenas a dimensão do processo cognitivo envolvido, mas também a dimensão do conhecimento, é essencial na proposição do instrumento avaliativo. Para tal, elencamos alguns dos diversos recursos/técnicas:

- Atividades escritas.
- Seminário.
- Trabalho em grupo.
- Avaliação oral.
- Avaliação escrita.
- Produção textual.
- Projetos.

As técnicas escolhidas em cada capítulo serão explicadas dentro do contexto de cada estudo de caso.

Para refletir

Caso de ensino

Você tem recebido comentários na sua avaliação docente quanto ao seu método de avaliação e seu coordenador agendou uma reunião para debater este tópico com você. Na sua prática docente, você tem trabalhado com duas avaliações: a aplicação de uma prova intermediária e uma prova final para teste de conhecimento. O que você pode levar para a reunião como plano de melhoria?

Conclusão

Neste capítulo, analisamos as diversas funções do processo avaliativo tanto para o corpo docente quanto para o corpo discente. Vimos que a avaliação deve figurar como um importante instrumento para gestão da aprendizagem e que sua utilização não deve se encerrar após a rubrica.

Os instrumentos de avaliação, escolhidos pelo docente, devem ser capazes de medir o nível de aprendizagem do aluno e seu desenvolvimento quanto aos objetivos de aprendizagem propostos. Eles são os mesmos utilizados nas atividades de aprendizagem.

O professor que iniciou o capítulo com indagações, agora, identificou novos usos para suas evidências. Sabe que pode utilizar a avaliação diagnóstica para coleta de dados que facilitem o desenvolvimento dos seus objetivos de aprendizagem e suas estratégias de ensino, bem como sabe que a avaliação formativa, durante o período letivo, pode acontecer em formato de diversas dinâmicas que favoreçam e estimulam a autonomia do aluno. Vamos retomar suas indagações iniciais?

Resumo esquemático

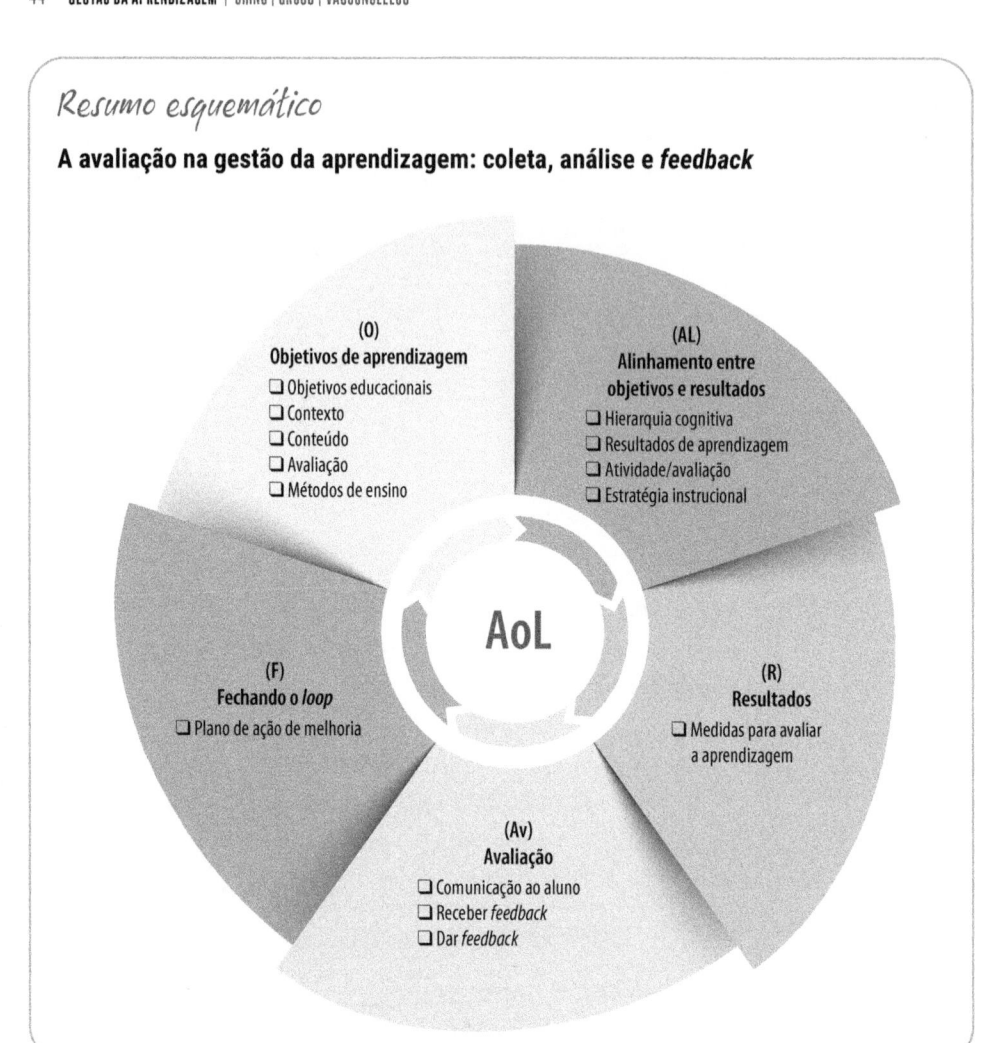

A avaliação na gestão da aprendizagem: coleta, análise e *feedback*

(O) Objetivos de aprendizagem
- Objetivos educacionais
- Contexto
- Conteúdo
- Avaliação
- Métodos de ensino

(AL) Alinhamento entre objetivos e resultados
- Hierarquia cognitiva
- Resultados de aprendizagem
- Atividade/avaliação
- Estratégia instrucional

AoL

(F) Fechando o *loop*
- Plano de ação de melhoria

(R) Resultados
- Medidas para avaliar a aprendizagem

(Av) Avaliação
- Comunicação ao aluno
- Receber *feedback*
- Dar *feedback*

Questões para discussão

1. Quais informações da disciplina anterior poderiam ser importantes para detectar dificuldades específicas de aprendizagem no desenvolvimento dos objetivos de aprendizagem da minha proposta curricular?
2. Como posso fazer a gestão do processo de aprendizagem durante os seis meses do curso para diminuir a taxa de reprovação da minha disciplina?
3. Como meus alunos entendem meu processo avaliativo?
4. Como posso utilizar meu processo avaliativo para a melhoria contínua da aprendizagem?

   Essa utilização da avaliação para a gestão da aprendizagem será retomada em todos os capítulos práticos, como forma de concretizar suas aplicações em ações e propostas práticas para os leitores.

Referências

AFONSO, A. J. Resgatando a avaliação formativa como instrumento de emancipação. In: ESTEBAN, M. T. (Org.). *Avaliação*: uma prática em busca de novos sentidos. Rio de Janeiro: DP&A, 2004.

ANDERSON, L. W.; KRATHWOHL, D. (Ed.). *A taxonomy for learning, teaching, and assessing*: a revision of Bloom's taxonomy of educational objectives. New York: Longman, 2001.

HAYDT, R. C. C. *Avaliação do processo ensino-aprendizagem*. 6. ed. São Paulo: Ática, 1997.

HAYDT, R. C. C. *Curso de didática geral*. São Paulo: Ática, 2006.

LUCKESI, C. C. *Avaliação da aprendizagem escolar*. São Paulo: Cortez, 2008.

PERRENOUD, F. *Dez novas competências para ensinar*. Tradução: Patrícia 40 Chittoni Ramos. Porto Alegre: Artes Médicas Sul, 2000.

SILVA, M. H. S.; LOPES, J. P. Três estratégias básicas para a melhoria da aprendizagem: objetivos de aprendizagem, avaliação formativa e feedback. *Revista Eletrônica de Educação e Psicologia*, v. 7, p. 12-31, 2016.

CAPÍTULO 4

PREPARAÇÃO DE DOCENTES E ALUNOS PARA UM NOVO PROJETO PEDAGÓGICO DE CURSO

Hong Y. Ching

Objetivos de aprendizagem

- Saber utilizar o processo de Gestão da Aprendizagem com o fim de capacitar docentes e alunos ingressantes a essa nova proposta pedagógica.
- Ser capaz de utilizar de forma apropriada suas competências e habilidades nesse mundo volátil e de mudanças tecnológicas e de mercado.

Caso de contextualização

Você é coordenador de um curso de graduação e está finalizando um novo projeto pedagógico do seu curso que deverá entrar em vigor no próximo semestre letivo. Nesse processo, você contou com ajuda do Núcleo Docente Estruturante (NDE) do seu curso, bem como de alguns professores, alunos e ex-alunos do curso.

Como é um projeto bastante inovador que pretende desenvolver nos alunos competências e habilidades para serem utilizadas de forma apropriada em um mundo volátil e de mudanças tecnológicas e de mercado, você está preocupado em como capacitar seus docentes e alunos ingressantes para essa nova proposta pedagógica.

Do lado dos docentes, como trabalhar em sala de aula o conceito de mundo volátil e saber identificar as mudanças tecnológicas e de mercado que estão ocorrendo, as competências demandadas por esse mercado e relacionar as diferentes situações de mercado com as competências a serem desenvolvidas em cada situação?

Do lado dos ingressantes, de forma similar ao docente, como explicar a eles esse mundo cheio de transformações tecnológicas e de mercado e sensibilizá-los a saberem utilizar as competências a cada cenário de mudança?

Introdução

São essas preocupações que este capítulo irá abordar. Tendo como referencial a Gestão da Aprendizagem, iremos mostrar a aplicação das cinco etapas desse processo na abordagem das questões já aresentadas. Importante ressaltar que essa experiência prática não se aplica apenas à situação descrita, mas a qualquer situação em que seja necessário capacitar os docentes e alunos a diferentes variáveis de um projeto pedagógico. Na situação descrita neste capítulo, as variáveis são competências, o mundo volátil e as mudanças tecnológicas e de mercado.

Para contextualizar os leitores acerca desse novo projeto pedagógico, este começa com a definição da vocação do curso em questão, seguido do perfil do ingressante no curso. Os eixos temáticos (um para cada ano do curso) representam o caminho a ser percorrido pelos alunos e dão uma visão clara do itinerário formativo. Os eixos devem abrigar os grandes projetos que serão desenvolvidos em cada ciclo ou semestre do curso. Uma vez definidos os eixos temáticos e os grandes projetos em cada ciclo, a próxima etapa da estrutura do desenho da aprendizagem é o desenvolvimento das competências necessárias que os alunos deverão possuir para o exercício da sua profissão no ambiente citado. Veja a Figura 4.1.

Os grandes projetos foram então detalhados em componentes para que estes fossem trabalhados pelos alunos em sala de aula. Em seguida, foram pensados os conteúdos-chave que devem dar sustentação conceitual para os alunos trabalharem os componentes. Tudo isso visando ao perfil do egresso que a instituição deseja formar, perfil esse descrito a seguir:

"O aluno estar apto a trabalhar em um mundo complexo, volátil, conectado e compartilhado, sabendo lidar com mudanças tecnológicas e de mercado e com um repertório de competências e habilidades necessárias para o exercício da sua profissão nesse ambiente."

Figura 4.1 Estrutura do desenho da aprendizagem.

Com o fim de capacitar docentes e preparar os alunos ingressantes para essa nova proposta pedagógica, foi pensado um Módulo sobre Utilização de Competências em um mundo volátil e de mudanças tecnológicas e de mercado.

Vamos dar início às cinco etapas do processo de Gestão da Aprendizagem.

4.1 Definir objetivos de aprendizagem do aluno (O)

Conforme mencionado no Capítulo 1, os objetivos são usualmente enquadrados em termos de algum conteúdo de assunto e uma descrição do que deve ser feito com ou para aquele conteúdo. Tipicamente, consistem em um nome – o conteúdo de assunto – e um verbo de ação – o processo cognitivo. O verbo deve se referir a ações observáveis.

Foram propostos nesse módulo um objetivo principal e quatro secundários decorrentes do principal, que estão descritos a seguir:

- Ser capaz de utilizar de forma apropriada suas competências e habilidades nesse mundo volátil e de mudanças tecnológicas e de mercado (**objetivo principal**).
- Explicar o que é um mundo volátil e identificar as diferentes situações de mudanças tecnológicas e de mercado que estão ocorrendo.
- Explicar o conceito de competência e pesquisar as competências a serem demandadas pelo mercado.
- Relacionar as diferentes situações de mercado (identificadas) com as competências a serem utilizadas em cada situação.
- Elaborar cenários de mudança para ilustrar como as competências serão utilizadas.

Com base na lista de verbos dos níveis da Taxonomia de Bloom (constante no Capítulo 1), nota-se uma variedade de níveis cognitivos nos cinco objetivos apresentados, começando pelo Aplicar no objetivo principal (nível cognitivo intermediário), seguido do nível Entender nos dois primeiros objetivos secundários (nível cognitivo simples), nível Analisar (nível cognitivo intermediário) e terminando com o nível Criar (nível cognitivo complexo).

No quesito Contexto, o perfil da nossa persona é o aluno do curso noturno, de classe média, residente na região onde se localiza a IES, jovem na sua maioria (18 a 19 anos), além de muitos bolsistas da ProUni e/ou da mantenedora. Eles entram na faculdade com deficiência na sua formação, esperançosos e ainda ingênuos. Com o passar dos semestres, vão amadurecendo pessoal e profissionalmente, tornam-se mais críticos e questionadores, mais autoconfiantes, seguros da sua escolha profissional e da escola e preocupados em conseguir boa colocação.

O curso de que esse projeto pedagógico faz parte é o de Administração, ministrado no período noturno de forma 100% presencial, em um período de quatro anos.

Por outro lado, o perfil do corpo docente é de um grupo experiente tanto no ensino superior quanto na experiência profissional. É formado majoritariamente por 2/3 de doutores e o restante de mestres, alguns deles pesquisadores com publicação de artigos, livros e capítulos de livros. A faixa etária situa-se entre 40 e 55 anos e uma grande maioria tem muito tempo de casa nessa instituição.

Quanto ao Conteúdo, importante mencionar que essa instituição utilizou a metodologia de *design thinking* para elaborar o projeto pedagógico. Essa metodologia busca soluções criativas centradas no usuário. Para tanto, diversos docentes, alunos atuais e ex-alunos do curso foram ouvidos no Mapa da Empatia. A Figura 4.2 mostra a estrutura e o conteúdo do curso resultante do uso dessa metodologia.

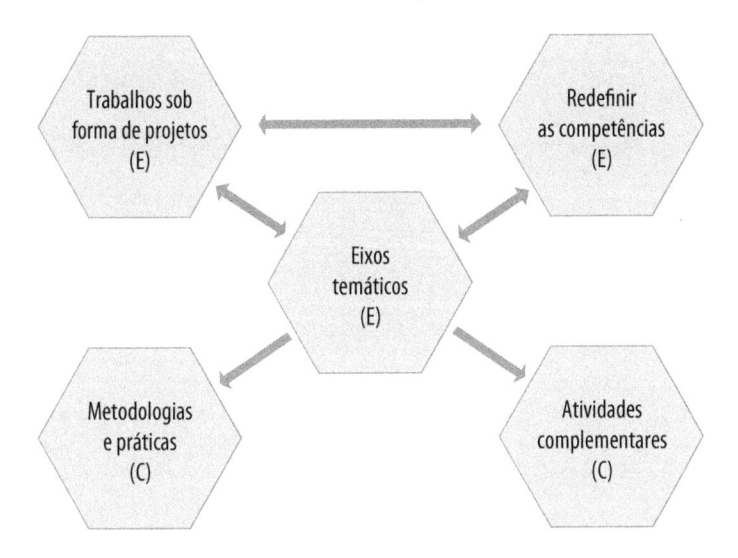

Figura 4.2 Estrutura e conteúdo do curso.

No centro dessa estrutura estão os eixos temáticos que representam o caminho a percorrer pelos alunos durante os quatro anos do curso e que dão uma visão clara do seu itinerário formativo. Os alunos estariam voltados a trabalhar em forma de projetos alinhados aos eixos temáticos de cada ano do curso. Novas competências foram então redefinidas, novas metodologias e práticas seriam repensadas nesse novo ambiente e atividades complementares incentivadas para os alunos realizarem fora da sala de aula.

Quanto aos recursos, essa IES dispõe de uma ampla biblioteca com acesso a extensa base de dados de artigos científicos, como Proquest, EBSCO, Portal de Periódicos CAPES, plataforma BibliOfertas, entre outros. Para interagir com os alunos, os docentes e alunos dispõem da plataforma Moodle. Seis salas de aula foram modificadas para acomodar mesas em forma de trapézio e lousas de vidro para facilitar maior interação entre os alunos, trabalhos em equipe e uso de metodologias ativas.

> **Link útil**
> Para conhecer o **design thinking** e obter material e informações, acesse o código ao lado ou: **http://uqr.to/g3ae**. Acesso em: 2 out. 2019.

1 DESCOBERTA	2 INTERPRETAÇÃO	3 IDEAÇÃO	4 EXPERIMENTAÇÃO	5 EVOLUÇÃO
Eu tenho um desafio. *Como posso abordá-lo?*	**Eu aprendi alguma coisa.** *Como posso interpretá-la?*	**Eu vejo uma oportunidade.** *Como posso criar?*	**Eu tenho uma ideia.** *Como posso concretizá-la?*	**Eu experimentei alguma coisa nova.** *Como posso aprimorá-la?*

Figura 4.3 Fases do processo *design thinking*.

Por fim, as competências que serão desenvolvidas nos alunos dessa instituição ao longo do curso, nesse novo projeto pedagógico, são as seguintes:

- **Comunicação:** desenvolver expressão e comunicação compatíveis com o exercício profissional, inclusive nos processos de negociação e nas comunicações interpessoais ou intergrupais.
- **Relacionamento interpessoal:** capacidade de reconhecer, valorizar e adaptar-se às diferenças individuais para construir e manter uma boa rede de contatos (stakeholders). Incentiva na sua equipe um ambiente de apoio e participação.

- **Raciocínio lógico, crítico e analítico (LCA):** capacidade de raciocinar rapidamente através da percepção (analítico), desenvolver conceitos e ligar ideias que não estejam necessariamente ligadas (lógico) e saber avaliar um fato, conceito ou situação com criticidade, metodologia, perseverança e determinação (crítico).
- **Visão sistêmica:** capacidade de enxergar uma organização por meio dos seus sistemas e processos de negócio, entendendo as interdependências entre cada um, visando obter melhores resultados.
- **Orientação a mercado:** capacidade de olhar para o mercado e o negócio da organização quando da proposição das soluções. Acompanha tendências de mercado e percebe oportunidades de inovação com objetivo de sustentabilidade e rentabilidade do negócio.
- **Inovação:** capacidade de implementar um novo ou significativamente melhorado produto (bem ou serviço), processo de trabalho, ou prática ou modelo de negócio.
- **Resolução de problema:** entendida como autonomia, empoderamento e capacidade do aluno de buscar informações, além de sistematizá-las para a sua solução.
- **Tomada de decisão:** capacidade de delegar, reconhecer com justiça e flexibilizar de acordo com a situação, sem deixar de acompanhar e desenvolver com discurso igual à prática. Ser agente na condução de ações de seu pessoal.
- **Adaptabilidade:** capacidade de se modificar em uma organização de uma forma flexível e resiliente, em resposta às variações do ambiente, e avaliar suas ações como oportunidades de aprendizado. Desenvolver capacidade de transferir conhecimentos da vida e da experiência cotidianas para o ambiente de trabalho e do seu campo de atuação profissional, em diferentes modelos organizacionais, revelando-se profissional adaptável.

Os demais quesitos, como avaliação e métodos de ensino, serão detalhados adiante.

4.2 Alinhamento entre objetivos e resultados (AI)

As atividades devem estar associadas aos objetivos de aprendizagem, pois são estratégias de ensino que possibilitam a aprendizagem dos alunos. Elas estimulam o engajamento dos alunos e o desenvolvimento das suas competências.

Quando do estágio de planejamento das atividades, entendeu-se que o módulo sobre Utilização de Competências poderia ser ministrado aos docentes ao longo de quatro dias, com duração de quatro horas cada dia, na semana que antecede o início das aulas, denominada Semana de Capacitação Docente.

Por outro lado, a capacitação aos alunos poderia ocorrer durante a primeira semana do período letivo, que é planejada para introduzir os alunos no ambiente universitário, nas atividades da Instituição e capacitá-los no novo projeto pedagógico. Esse módulo seria mais curto, de apenas duas noites não sequenciais, de quatro horas cada noite.

As atividades foram pensadas para cada objetivo secundário, porém, para que as atividades possam ser realizadas no período de quatro horas, esse módulo, tanto para o docente quanto para o ingressante, será realizado na modalidade *blended*. Isso significa que alguma pesquisa ou lição de casa deve ser realizada fora da sala de aula, otimizando assim o tempo em sala.

No caso dos docentes, eles teriam de pesquisar previamente as potenciais mudanças tecnológicas e seus vetores de mudança (que antecederiam a atividade da primeira noite), entrevistas com profissionais de mercado e RH (que antecederiam a atividade da segunda noite) e leitura e entendimento do material das duas noites anteriores como preparação da atividade da terceira noite.

No caso dos ingressantes, as mesmas tarefas dos docentes (que antecederiam a atividade da primeira noite) e leitura e entendimento do material da primeira noite como preparo para a atividade da segunda.

Uma extensão da aprendizagem para fora da sala de aula permite que cada aluno aprenda com as experiências dos outros e da observação de cada um. A isso se denomina aprendizagem social, que tem suas raízes na teoria de mesmo nome. De acordo com essa teoria (Langley, 2007), a similaridade de interesses permite compartilhar habilidades tácitas e conhecimento mediante interação. Para melhor experiência de aprendizagem, conhecimento não é apenas transmitido, mas também construído por meio de esforços colaborativos dos aprendizes. Dentro do aprendizado *blended*, interação social pode ser alcançada fisicamente na sala ou, virtualmente, *on-line*.

Ainda nesse estágio, devem ser planejadas as formas de avaliação das atividades realizadas, suas rubricas e o tipo de *feedback* a ser dado ao docente e ao aluno.

Movendo-se para o estágio de Implementação, os Quadros 4.1 e 4.2 mostram as atividades alinhadas com os objetivos secundários dos módulos Docente e Ingressante, respectivamente. O Quadro 4.3 demonstra como diferentes estratégias de ensino e atividades se alinham aos diversos níveis cognitivos da Taxonomia de Bloom no módulo Docente. Seu uso pode ajudar a atingir os objetivos propostos no módulo, tanto nos docentes quanto nos ingressantes, e ainda comunicar mais efetivamente com eles sobre o nível que eles estão atingindo nas salas de aula, conforme indicado na taxonomia.

Quadro 4.1 Atividades e objetivos do módulo Docente

	Objetivos de aprendizagem	Divisão do tempo			
		1º dia 4 horas	2º dia 4 horas	3º dia 4 horas	4º dia 4 horas
PRINCIPAL	Ser capaz de utilizar de forma apropriada suas competências e habilidades nesse mundo volátil e de mudanças tecnológicas e de mercado.				
SECUNDÁRIOS	Explicar o que é um mundo volátil e identificar as diferentes situações de mudança tecnológica e de mercado que estão ocorrendo.	**Atividade:** exposição dialogada. Pesquisar em sites específicos as potenciais mudanças tecnológicas, bem como compreender e identificar os vetores dos mercados nos quais a organização se insere.			
	Explicar o conceito de competência e pesquisar as competências demandadas pelo mercado (*startups*, *fablabs*, *fintechs*).		**Atividade:** leitura prévia dos docentes sobre competências; os docentes entrevistam profissionais do mercado/de RH/de consultorias sobre as competências do projeto pedagógico.		
SECUNDÁRIOS	Relacionar as diferentes situações de mercado (identificadas anteriormente) com as competências a serem utilizadas em cada situação.			**Atividade:** discussão em grupo relacionando quais competências do projeto pedagógico devem ser utilizadas em cada vetor/ mudança do mercado.	
	Elaborar cenários de mudanças para ilustrar como as competências serão utilizadas.				**Atividade:** analisar diferentes cenários de mudanças tecnológicas e de mercado e solicitar aos alunos quais competências mais apropriadas devem ser utilizadas, justificando-as.

Quadro 4.2 Atividades e objetivos do módulo Ingressante

	Objetivos de aprendizagem	Divisão do tempo			
		1º dia 2 horas	1º dia 2 horas	2º dia 2 horas	2º dia 2 horas
PRINCIPAL	Ser capaz de utilizar de forma apropriada suas competências e habilidades nesse mundo volátil e de mudanças tecnológicas e de mercado.				
SECUNDÁRIOS	Explicar o que é um mundo volátil e identificar as diferentes situações de mudança tecnológica e de mercado que estão ocorrendo.	**Atividade:** apresentação dos vídeos ou infográficos das mudanças de mercado.			
	Explicar o conceito de competência e pesquisar as competências demandadas pelo mercado (*startups, fablabs, fintechs*).		**Atividade:** os ingressantes apresentam as entrevistas com profissionais do mercado/de RH/de consultorias sobre as competências do projeto pedagógico.		
SECUNDÁRIOS	Relacionar as diferentes situações de mercado (identificadas anteriormente) com as competências a serem utilizadas em cada situação.			**Atividade:** discussão em grupo relacionando quais competências do projeto pedagógico devem ser utilizadas em cada vetor/mudança do mercado.	
	Elaborar cenários de mudanças para ilustrar como as competências serão utilizadas.				**Atividade:** analisar diferentes cenários de mudanças tecnológicas e de mercado, solicitar aos alunos quais competências mais apropriadas devem ser utilizadas e justificar. (ESTUDO DE CENÁRIOS)

Quadro 4.3 Estratégias e atividades alinhadas à taxonomia no módulo Docente

Hierarquia cognitiva	Objetivos de aprendizagem	Atividades instrucionais	Estratégia instrucional
Entender	Explicar o que é um mundo volátil e identificar as diferentes situações de mudanças tecnológicas e de mercado que estão ocorrendo.	Exposição dialogada. Docentes pesquisam em sites específicos as potenciais mudanças tecnológicas, bem como compreendem e identificam os vetores dos mercados nos quais a organização se localiza.	Apresentação em sala com ilustração por meio de vídeo ou infográfico dessas mudanças, seguida de debates.
Entender	Explicar o conceito de competência e pesquisar as competências a serem demandadas pelo mercado.	Leitura prévia dos docentes sobre competências; discutir como o uso da teoria U pode ajudar. Os docentes entrevistam profissionais do mercado/de RH/ de consultorias sobre as competências demandadas.	Apresentação oral, pelos grupos, das competências pesquisadas. Passar em sala vídeo dessas entrevistas com profissionais de RH.
Analisar	Relacionar as diferentes situações de mercado (identificadas anteriormente) com as competências a serem utilizadas em cada situação.	Leitura e entendimento do material das duas fases anteriores. Discussão em grupo relacionando quais competências devem ser utilizadas em cada vetor/ mudança do mercado.	Montagem de um painel interativo mostrando quais competências devem ser utilizadas em cada mercado.
Criar	Elaborar cenários de mudança para ilustrar como as competências serão utilizadas.	Analisar diferentes cenários de mudanças tecnológicas e de mercado e solicitar aos alunos quais competências mais apropriadas devem ser utilizadas, justificando-as. (ESTUDO DE CENÁRIOS)	Criar um vídeo ou infográfico mostrando os possíveis cenários e o uso das competências em cada cenário.

> **Link útil**
>
> Para saber mais sobre a **teoria U**, acesse o código ao lado ou: **http://uqr.to/g3ag**.
> Acesso em: 2 out. 2019.

A teoria U, desenvolvida por Otto Scharmer, é uma metodologia voltada para a transformação social e que pode ajudar a solucionar problemas na sua instituição. De acordo com o Presencing Institute, essa teoria mostra como indivíduos, times e organizações podem construir as capacidades essenciais de liderança necessárias para endereçar as causas-raiz dos desafios atuais. A sua forma em U é explicada pelo caráter visual de descida e subida dessa jornada dividida em três etapas que são cíclicas: primeiramente, o indivíduo deve descer o U e conectar-se com o "sentir" enquanto livra-se de todos os seus prejulgamentos, questionando os seus próprios modelos mentais e observando a realidade além dos seus filtros. Em seguida, ele chega ao lugar mais fundo do U, onde irá conectar-se com o "estar presente", descobrindo a si mesmo, suas visões e propósitos. Por fim, inicia-se a subida do U, que está conectada à realização, etapa para a elaboração de um protótipo que represente as visões e propósitos, dando forma real às ideias que surgiram no processo. Confira as etapas na Figura 4.4.

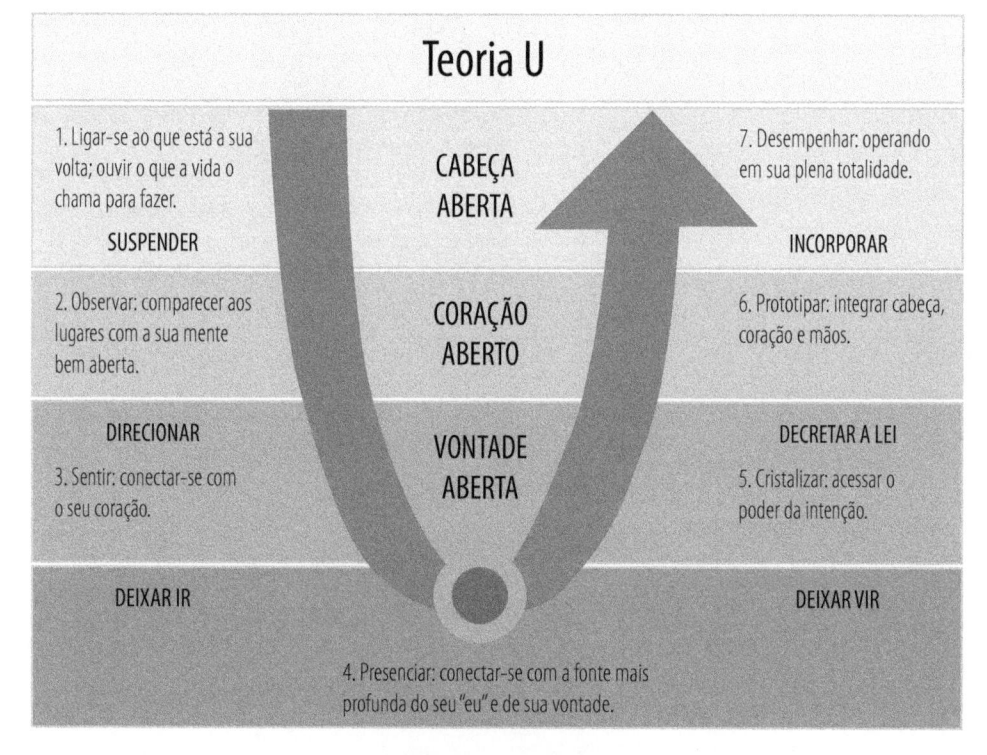

Teoria U

1. Ligar-se ao que está a sua volta; ouvir o que a vida o chama para fazer.
   SUSPENDER

2. Observar: comparecer aos lugares com a sua mente bem aberta.
   DIRECIONAR

3. Sentir: conectar-se com o seu coração.
   DEIXAR IR

CABEÇA ABERTA

CORAÇÃO ABERTO

VONTADE ABERTA

4. Presenciar: conectar-se com a fonte mais profunda do seu "eu" e de sua vontade.

7. Desempenhar: operando em sua plena totalidade.
   INCORPORAR

6. Prototipar: integrar cabeça, coração e mãos.
   DECRETAR A LEI

5. Cristalizar: acessar o poder da intenção.
   DEIXAR VIR

Figura 4.4 A teoria U.
Fonte: http://fappes.edu.br/blog/blog-corporativo/o-que-e-teoria-u.

4.3 Resultados (R)

O tipo de avaliação é a formativa ou de processo em que o docente colhe evidências de aprendizagem dos alunos mediante atividades que ele irá executar ao longo dos quatro dias do módulo aos docentes.

Os instrumentos de avaliação devem ser capazes de medir o nível de aprendizagem do aluno e seu desenvolvimento quanto aos objetivos educacionais propostos. Eles são apresentados nos Quadros 4.4 e 4.5 para os módulos Docente e Ingressante, respectivamente.

As rubricas podem e devem ser utilizadas pelos docentes para indicar os critérios de avaliação e identificar diferentes níveis de aprendizagem dos alunos. No caso em questão, diferentes rubricas são ilustradas para cada tipo de avaliação.

Exemplo de rubrica e critérios sugeridos para apresentação por vídeo ou infográfico:

Critérios	Nível inferior 0 – 5,0	Nível intermediário 5,01 – 8,0	Nível superior 8,01 – 10,0
Conceitos apresentados			
Aspecto visual			
Qualidade			

Exemplo de rubrica e critérios sugeridos para apresentação oral:

Critérios	Nível inferior 0 – 5,0	Nível intermediário 5,01 – 8,0	Nível superior 8,01 – 10,0
Conceitos apresentados			
Consenso sobre a convergência das competências			
Suporte visual			

Exemplo de rubrica e critérios sugeridos para montagem do painel interativo:

Critérios	Nível inferior 0 – 5,0	Nível intermediário 5,01 – 8,0	Nível superior 8,01 – 10,0
Conceitos apresentados			
Aspecto visual			
Adequação das relações			

Exemplo de rubrica e critérios sugeridos para justificativa das argumentações:

Critérios	Nível inferior 0 – 5,0	Nível intermediário 5,01 – 8,0	Nível superior 8,01 – 10,0
Uso adequado das fontes e dados			
Formulação de argumentos persuasivos			

4.4 Avaliação (Av)

Essa é a etapa em que os resultados são apurados como decorrência dos instrumentos de avaliação e sua comunicação (*feedback*) aos alunos. O uso de rubricas pode eliminar *feedbacks* subjetivos e focar nos aspectos de aprendizagem que necessitam de melhoras. A avaliação das rubricas pode ser feita em separado pelo docente e pelos alunos. A diferença de notas dadas nas rubricas pelas duas partes pode ensejar uma discussão rica e permite uma via de mão dupla, dar e receber *feedback*. O Quadro 4.6 ilustra as formas de *feedback* para cada tipo de atividade e vale para os dois módulos – Docente e Ingressante.

Quadro 4.4 Instrumentos de avaliação no módulo Docente

	Objetivos de aprendizagem	Divisão do tempo			
		1º dia 4 horas	2º dia 4 horas	3º dia 4 horas	4º dia 4 horas
PRINCIPAL	Ser capaz de utilizar de forma apropriada suas competências e habilidades nesse mundo volátil e de mudanças tecnológicas e de mercado.				
SECUNDÁRIOS	Explicar o que é um mundo volátil e identificar as diferentes situações de mudança tecnológica e de mercado que estão ocorrendo.	**Avaliação:** apresentação dessas mudanças em sala, com ilustração por meio de vídeo ou infográfico, seguida de debates.			
	Explicar o conceito de competência e pesquisar as competências demandadas pelo mercado (*startups*, *fablabs*, *fintechs*).		**Avaliação:** *quizz* testando o entendimento dos alunos sobre os conceitos. Apresentação oral pelo grupo das competências pesquisadas.		
	Relacionar as diferentes situações de mercado (identificadas anteriormente) com as competências a serem utilizadas em cada situação.			**Avaliação:** montagem de um painel interativo mostrando quais competências do projeto pedagógico devem ser utilizadas em cada vetor/ mudança do mercado.	
	Elaborar cenários de mudanças para ilustrar como as competências serão utilizadas.				**Avaliação:** avaliar se as justificativas estão bem fundamentadas e argumentadas com base em fatos e fontes.

Quadro 4.5 Instrumentos de avaliação no módulo Ingressante

	Objetivos de aprendizagem	Divisão do tempo			
		1º dia 2 horas	1º dia 2 horas	2º dia 2 horas	2º dia 2 horas
PRINCIPAL	Ser capaz de utilizar de forma apropriada suas competências e habilidades nesse mundo volátil e de mudanças tecnológicas e de mercado.				
SECUNDÁRIOS	Explicar o que é um mundo volátil e Identificar as diferentes situações de mudança tecnológica e de mercado que estão ocorrendo.	**Avaliação:** *quizz* testando o entendimento dos alunos sobre os conceitos apresentados.			
SECUNDÁRIOS	Explicar o conceito de competência e pesquisar as competências demandadas pelo mercado (*startups*, *fablabs*, *fintechs*).		**Avaliação:** discussão em grupo das diferentes competências apresentadas pelos profissionais.		
SECUNDÁRIOS	Relacionar as diferentes situações de mercado (identificadas anteriormente) com as competências a serem utilizadas em cada situação.			**Avaliação:** montagem de um painel interativo mostrando quais competências do projeto pedagógico devem ser utilizadas em cada vetor/mudança do mercado.	
SECUNDÁRIOS	Elaborar cenários de mudanças para ilustrar como as competências serão utilizadas.				**Avaliação:** avaliar se as justificativas estão bem fundamentadas e argumentadas com base em fatos e fontes.

Quadro 4.6 *Feedback*

Objetivos de aprendizagem		Divisão do tempo			
PRINCIPAL	Ser capaz de utilizar de forma apropriada suas competências e habilidades nesse mundo volátil e de mudanças tecnológicas e de mercado.	1º dia 4 horas	2º dia 4 horas	3º dia 4 horas	4º dia 4 horas
SECUNDÁRIOS	Explicar o que é um mundo volátil e Identificar as diferentes situações de mudança tecnológica e de mercado que estão ocorrendo.	**Feedback**: ao final de cada apresentação, alunos e docente utilizam os critérios das rubricas.			
	Explicar o conceito de competência e pesquisar as competências demandadas pelo mercado (*startups*, *fablabs*, *fintechs*).		**Feedback**: ao final de cada apresentação, alunos e docente utilizam os critérios das rubricas.		
	Relacionar as diferentes situações de mercado (identificadas anteriormente) com as competências a serem utilizadas em cada situação.			**Feedback**: ao final de cada apresentação, alunos e docente utilizam os critérios das rubricas.	
	Elaborar cenários de mudanças para ilustrar como as competências serão utilizadas.				**Feedback**: ao final de cada apresentação, alunos e docente utilizam os critérios das rubricas.

4.5 Fechar o *loop* (F)

O último passo da Gestão da Aprendizagem é fechar o *loop*, o que significa desenvolver um plano de ação de melhoria como resultado do *feedback* recebido dos seus alunos e de uma reflexão crítica sua e dos seus docentes que participaram do módulo. Isso permitirá modificar os módulos de capacitação Docente e Ingressante para as próximas turmas. Trago de volta, nos Quadros 4.7 e 4.8, os dois modelos de reflexão apresentados no Capítulo 1.

Quadro 4.7 Estrutura de desenvolvimento de Borton

O que e com quem? (descrição da autorreflexão)	E daí? (análise)	E agora? (síntese)
Com quem compartilhei?	O que aprendi?	
O que aconteceu?	Qual a importância disso?	O que posso fazer agora?
O que fiz?	O que mais preciso fazer?	Quais são as consequências?
O que estava tentando fazer?	O que mais preciso saber?	Como posso melhorar?
Foi uma boa experiência?		

Fonte: Borton (1970).

Quadro 4.8 Estrutura de desenvolvimento de Zande

Lembrando	O que eu realizei ou completei? Que passos eu tomei para completar esse trabalho?
Entendendo	Que novos insights eu desenvolvi como resultado desse trabalho? Como minha perspectiva mudou após a realização dessas atividades?
Analisando	Que desafios para meu pensamento atual esse trabalho provocou? Como esse curso se conecta com os cursos anteriores?
Avaliando	O que eu fiz bem? Que áreas preciso ainda melhorar? Que faria diferente se eu fizesse de novo?
Criando	Que próximos passos eu quero tomar como resultado dessa experiência de aprendizagem? Que devo fazer para atingir meus objetivos?

Conclusão

No fechamento deste capítulo, volto às duas perguntas feitas no caso de abertura:

- Do lado dos docentes, como identificar as mudanças de mercado, as competências demandadas por esse mercado e relacionar as diferentes situações de mercado com as competências?
- Do lado dos ingressantes, como sensibilizá-los a saberem utilizar as competências a cada cenário de mudança?

Ao responder às duas perguntas, aproveito para fazer um **resumo** do capítulo. As cinco etapas do processo de Gestão da Aprendizagem foram seguidas na elaboração do Módulo de Utilização de Competências – Docentes e Ingressantes.

Começamos definindo os objetivos de aprendizagem (O) nesses dois módulos. Em seguida, alinhamos esses objetivos com os resultados pretendidos (Al) mediante realização de atividades de aprendizagem. Partimos para análise dos resultados (R) dessas atividades realizadas pelos docentes e ingressantes e, com isso em mãos, fizemos a avaliação (Av) ou o *feedback* a ser dado tanto aos docentes quanto aos ingressantes. Por fim, a quinta e última etapa, fechar o *loop*, desenvolver um plano de ação de melhoria, irá nos garantir o *Assurance of Learning*, a garantia de aprendizagem.

Esse processo, se bem feito e bem conduzido, irá garantir que os docentes consigam ter sensibilidade para desenvolver as competências nas suas unidades curriculares e sintonizá-las com as mudanças de mercado e tecnologicas. Pelo lado dos ingressantes, eles devem estar mais receptivos a enxergar os possíveis cenários de mudança e utilizar as competências adequadas a cada cenário.

Resumo esquemático

Preparação de docentes e alunos para um novo projeto pedagógico de curso

(O) Objetivos de aprendizagem
- Objetivos educacionais
- Contexto
- Conteúdo
- Avaliação
- Métodos de ensino

(AL) Alinhamento entre objetivos e resultados
- Hierarquia cognitiva
- Resultados de aprendizagem
- Atividade/avaliação
- Estratégia instrucional

AoL

(F) Fechando o *loop*
- Plano de ação de melhoria

(R) Resultados
- Medidas para avaliar a aprendizagem

(Av) Avaliação
- Comunicação ao aluno
- Receber *feedback*
- Dar *feedback*

Questões para discussão

1. Você já participou da elaboração de um PPC em curso de bacharelado? Quão inovador é esse PPC em termos de desenvolvimento pedagógico do curso, uso de metodologias ativas, métodos de avaliação, bem como desenvolvimento de competências?
2. O que você entende por Gestão da Aprendizagem?

Referências

BORTON, T. *Reach, touch and teach.* New York: McGraw-Hill Paperbacks, 1970.

LANGLEY, A. Experiential learning, e-learning and social learning: the EES approach to developing blended learning. In: *The Fourth Education in a changing environment conference book.* Santa Rosa, California: Informing Science Press, 2007. p. 171-187.

CAPÍTULO 5

DESENVOLVIMENTO DE PROFESSORES DO ENSINO SUPERIOR PARA O USO DE METODOLOGIAS ATIVAS DE ENSINO

Mariana Lucas da Rocha Cunha

Objetivo de aprendizagem

- Elaborar um curso de desenvolvimento de professores do ensino superior para o uso de Metodologias Ativas de Ensino (MAE) aplicando o modelo de Gestão da Aprendizagem.

Caso de contextualização

Recentemente, uma Instituição de Ensino Superior (IES), incentivada por sua mantenedora, iniciou o planejamento para a implementação de metodologias ativas de ensino em seus cursos superiores. Você é o coordenador acadêmico do curso e há muito tempo vem percebendo a frustração por parte dos professores em relação aos resultados em sala de aula. Eles queixam-se, entre outras coisas, de que não conseguem abordar todo o conteúdo que é muito importante, que os alunos estão desinteressados e faltam muito ou ficam interagindo apenas com o celular; observam também que os alunos só estudam para a prova, decoram o conteúdo e na semana seguinte não lembram de nada. Por outro lado, você tem recebido alguns alunos que reclamam que o professor não sabe dar aulas, cobram muito conteúdo e não explicam para que serve aquele "monte" de coisas. Você entendeu a importância do projeto, mas ficou bastante preocupado ao refletir sobre quais competências os professores desse curso precisam desenvolver para atingir bons resultados nas aulas, que habitualmente, são ministradas de modo tradicional. Ainda se questionou:

- Os professores de ensino superior estão preparados para o uso de Metodologias Ativas de Ensino (MAE)? Entendem o seu papel como professor na aplicação de MAE?
- Será que eles entendem o conceito de objetivos de aprendizagem e como aplicá-los?

As respostas para essas indagações poderiam ser resolvidas por meio de um curso de capacitação que pudesse ajudá-los a repensar sobre suas práticas de ensino e, sobretudo, sobre as experiências de aprendizagem dos alunos. Partindo dessa premissa, você solicitou a um professor expert neste assunto que elaborasse um curso para o desenvolvimento dos professores, baseando-se nas etapas de Gestão da Aprendizagem. A proposta deve começar com a sensibilização dos professores, porque você tem certeza que não será fácil desafiá-los a sair dessa "zona de conforto", mesmo diante dos resultados não tão positivos que eles revelam. Além disso, um trabalho de acompanhamento desse corpo docente será necessário. Veja mais adiante que interessante o curso ficou.

Introdução

O cenário da educação atual exige mudanças quanto aos paradigmas no processo de ensino-aprendizagem, alterando o modelo tradicional de ensino, denominado por Paulo Freire (2005) como "educação bancária", para um processo ativo de aprendizagem. A educação bancária coloca o professor no centro do processo de aprendizagem, sem considerar o conhecimento ou experiências prévias do aluno como ponto de partida.

O modo de aprendizagem dos indivíduos na sociedade contemporânea vem se transformando de modo progressivo e drástico, seja pelos avanços sociais das mudanças "na direção da personalização, colaboração e autonomia" dos estudantes e professores (Moran, 2015), seja pelos avanços nos recursos tecnológicos. As grades curriculares universitárias tentam acompanhar essas mudanças, propondo o uso híbrido de **metodologias ativas de ensino** e aulas formais. Não é incomum que, em algum momento da sua vida, você seja confrontado com esse tipo de desafio: ter que alavancar o desenvolvimento de sua equipe de professores para modificar as estratégias de ensino deles, mesmo em face de se ter resultados positivos.

> *Fique atento*
>
> Os **métodos ativos de ensino** compreendem o **conhecimento construído** por meio de **competências cognitivas, pessoais e sociais**, partindo-se da **aprendizagem centrada no aluno**.

Quanto mais colaborativa for a estratégia de ensino, mais efetivo será o aprendizado do aluno. Além disso, as metodologias ativas de ensino devem ser propostas de aprendizagem que partam do contexto real, ou seja, muito próximo daqueles que os alunos enfrentarão na vida profissional.

Entre as metodologias ativas, podem-se elencar:

- Aprendizagem Baseada em Problemas, do inglês *Problem Based Learning* (PBL).
- Simulações realísticas.
- *Think-Pair-Share*.
- Aprendizagem em Times Conduzida por Pares, do inglês *Peer-Led Team Learning*.
- Aprendizagem Baseada em Times, do inglês *Team Based Learning* (TBL).

Dentro do contexto do ensino universitário, é comum docentes se esforçarem por dar conta de uma quantidade quase inesgotável de conteúdo dentro das propostas curriculares. Essa situação é muito comum na área da saúde, assim como no contexto do Direito ou da Administração, por exemplo.

No entanto, as exigências por métodos ativos de ensino ficaram mais evidentes em cursos universitários, como a Administração, devido ao aumento expressivo de alunos matriculados e, consequentemente, de cursos de formação nessa área. (INEP, 2014). Esse dado contribuiu para a necessidade de mudar o foco excessivo na aquisição do conhecimento, muitas vezes distanciado da realidade, para a necessidade da formação mais autônoma e do **papel ativo dos estudantes no processo ensino-aprendizagem**. Tal constatação demandou das universidades uma mobilização para atingir de modo efetivo o que se espera delas e, neste sentido, o preparo dos docentes se tornou imperativo também.

O **Desenvolvimento docente** objetiva o aperfeiçoamento das **competências docentes** (empoderamento do professor) e a consequente promoção da **excelência acadêmica**. Segundo Masseto (2009), as competências docentes estão relacionadas ao conhecimento específico da área de atuação, às habilidades pedagógicas e à capacidade político-social do professor. Para se preparar o corpo docente para o uso de MAE, é necessário:

1. Criar um **planejamento** que de fato envolva os docentes.
2. Sensibilizar os docentes sobre a importância de transformar uma **prática docente**.
3. Motivá-los a **sair da zona de conforto**.
4. Estimular neles a necessidade de **mudar**.

O planejamento de desenvolvimento do corpo docente deve considerar, como já apresentado no Capítulo 1, as etapas do processo de Gestão da Aprendizagem, considerando o contexto a ser aplicado. Neste caso, uma IES da área de saúde, que tem atualmente dois cursos de graduação: Enfermagem e Medicina. O público-alvo são professores universitários de formação variada, entre elas: enfermagem, medicina, biomedicina, fisioterapia e biologia. Eles têm ampla experiência em docência, assim como na área assistencial para as profissões afins. Apesar do foco dessa experiência, como apresentado anteriormente, esta é uma proposta que facilmente pode ser adequada às necessidades de outras áreas que adotam ou planejam adotar o uso de metodologias ativas de ensino.

Ambos os cursos acontecem no período diurno. A IES dispõe de laboratório de morfologia, laboratório de microscopia, sala de aula com recursos de imagem (anatomia virtual, exames de imagem como raios X ou ultrassom), laboratório de procedimentos básicos como punção venosa, mudança de decúbito, passagem de sonda nasogástrica entre outras instalações. As salas de aula já apresentam formato diferenciado: os alunos sentam-se em grupos, o professor dispõe de lousas em todas as paredes das salas para facilitar a comunicação e circulação entre os grupos. Além disso, dispõe-se de recursos tradicionais como biblioteca física e acesso a bases de dados ou livros *on-line*.

A adequação da estrutura física, investindo em salas de aula que facilitam a aprendizagem colaborativa e a gestão da sala de aula por parte do docente, não é um fator que deve limitar ou inibir as IES no uso de MAE. A estrutura citada anteriormente é um dos exemplos que demonstram o apoio da mantenedora e o alinhamento com uma filosofia que é institucional. No entanto, mais do que a estrutura, o preparo dos docentes e o apoio por meio de investimentos a curto prazo, como capacitação e mudanças em processos como planejamento do projeto pedagógico, investimento em planos de ensino diferenciados e, também, o preparo dos estudantes já servem de gatilhos ou processos disparadores para se atingir um ambiente de aprendizagem ativa.

Outros diferenciais importantes que a IES possui em parceria com a mantenedora são o centro de simulação realística e uma política de inserção precoce dos alunos em campos de estágio, tanto em âmbito privado quanto público, a partir do 1º ano do curso, sempre com a supervisão de professores que ministram aulas teóricas também.

O planejamento pode ser esquematizado, conforme apresentado no Capítulo 1, pela Figura 5.1.

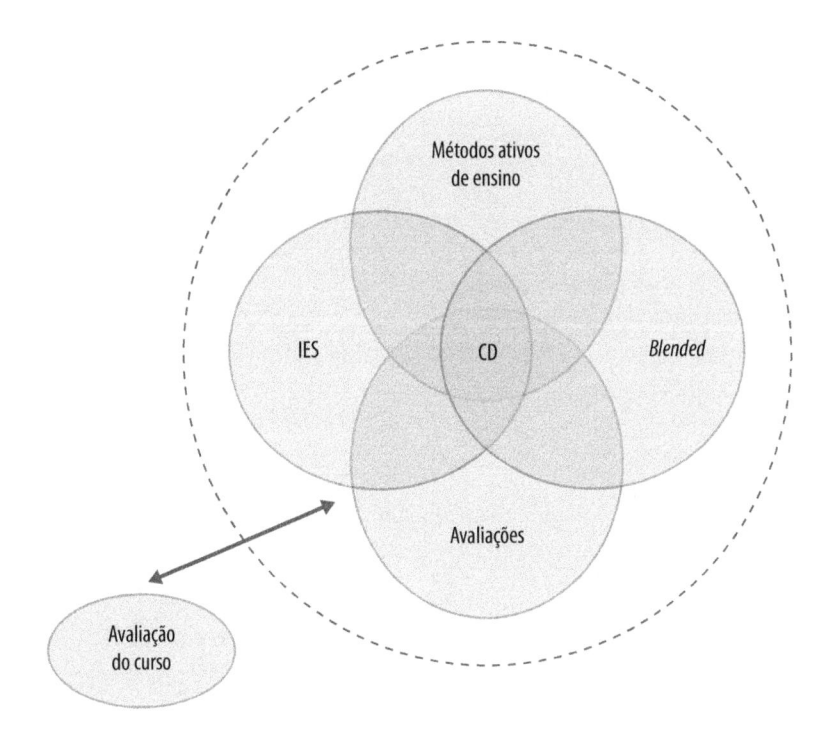

Figura 5.1 Modelo dos componentes de desenho do curso de capacitação dos docentes em Métodos Ativos de Ensino.

Fonte: Adaptado de Ellis (2008).

Na Figura 5.1, você pode observar o modelo dos componentes de desenho do curso de capacitação dos docentes, cujo contexto é a Instituição de Ensino Superior (IES). O conteúdo são os métodos ativos de ensino; o método a ser adotado para o curso é o *blended*, que mescla metodologias ativas (na sua maioria) e método tradicional. Serão adotadas as avaliações (no caso, formativas) e, por fim, no centro encontra-se a meta ou objetivo do curso, que é a capacitação docente (CD).

Após considerar-se o contexto já citado e o conteúdo a ser ministrado, que neste caso é a abordagem das MAEs com os professores da IES, deve-se começar o planejamento pela definição dos **objetivos de aprendizagem**. Não devemos esquecer que se trata de um grupo de docentes e, desse modo, uma estratégia de sensibilização prévia é necessária.

5.1 Definir objetivos de aprendizagem do aluno (O)

Como apresentado no Capítulo 2, os **objetivos de aprendizagem** são **declarações claras e válidas** do que os professores pretendem que os seus alunos aprendam e sejam capazes de fazer no final de uma sequência de aprendizagem. Para este curso de capacitação, no qual o público-alvo são os professores da IES, ou seja, estão no papel de alunos, o que se espera é que:

- Aprendam e discutam sobre MAEs.
- Definam objetivos de aprendizagem.
- Proponham metodologias ativas que permitam o aprendizado ativo dos seus alunos.

> **Fique atento**
>
> Essas questões estão alinhadas com a 2ª etapa do processo de Gestão da Aprendizagem descrito no Capítulo 1: entender o contexto, conhecer o público-alvo e definir os objetivos de aprendizagem.

Os **objetivos** devem considerar um **desempenho que se quer mensurar**, sob determinados critérios e condições de desempenho predeterminados. Para o desenvolvimento dos docentes, os objetivos de aprendizagem são:

- Explicar o conceito de **objetivos de aprendizagem** considerando o **processo cognitivo de aprendizagem**.
- Delinear objetivos de aprendizagem para disciplinas ou cursos, de acordo com **níveis cognitivos**.
- Conhecer metodologias ativas de ensino.
- Selecionar metodologias ativas de ensino de acordo com os objetivos propostos em disciplinas ou cursos.
- Verificar se as metodologias ativas de ensino selecionadas resultaram em **experiências de aprendizagem** para os alunos.

Observa-se nesses enunciados que o nível cognitivo esperado para os docentes evolui gradativamente do básico para o mais avançado, de acordo com o que se preconiza na Taxonomia de Bloom.

5.2 Alinhamento entre objetivos e resultados (AI)

Para o alinhamento entre objetivos e resultados, deve-se propor que os docentes realizem as atividades associadas aos **objetivos de aprendizagem**, ou seja, **estratégias de ensino** que possibilitam a aquisição da aprendizagem deles. As atividades devem promover o engajamento desses docentes e, sobretudo, o desenvolvimento das suas competências.

O termo competência deriva do latim ***competentia***, que pode ser compreendido como "a qualidade de quem é capaz de apreciar e resolver certo assunto, fazer determinada coisa, capacidade, habilidade e aptidão". O significado de competência está sempre relacionado a ação (Pinhel; Kurcgant, 2007).

O conceito de **competência** foi proposto de forma estruturada pela primeira vez em 1973, por David McClelland, como uma alternativa mais efetiva para a seleção de pessoas nas organizações diante do uso dos testes de inteligência. O termo foi amplamente difundido com o intuito de subsidiar ações para o desenvolvimento profissional dentro das empresas. Você pode saber mais sobre competências em Dutra (2017).

Competência, no âmbito da docência, pode ser entendida como algo que se constrói à medida que se mobilizam **atributos**, **conhecimentos**, **vivências** e recursos mentais, em tempo real, no momento da solicitação, ou seja, na a**ção pedagógica**. E, como tal, pode ser reconhecida como um processo que acontece ao longo da carreira profissional. A **competência** está sempre associada à **mobilização de saberes**.

Nesse contexto, alguns desafios são postos, considerando-se a relevância das competências na docência, à medida do que se espera atualmente do professor é que ele seja capaz de **promover mudanças** no seu papel de protagonista, dentro do processo ensino-aprendizagem, para reconhecer o **aluno como ativo** no processo. Tal propósito caracteriza o que se denominam metodologias ativas de ensino.

Nesse projeto de desenvolvimento de professores, foi organizado um curso de 30 horas voltado para um público de 20 alunos (no caso, os docentes). As atividades foram divididas em cinco encontros presenciais, além de leitura pré-classe. O início do curso, com o intuito de obter engajamento e sensibilização, partiu de uma estratégia chamada *storytelling*.

Storytelling é uma palavra em inglês, que está relacionada com uma narrativa e significa a capacidade de contar histórias relevantes. É usada no contexto da aprendizagem, como **forma de transmissão de elementos culturais como regras e valores éticos**. Por meio de histórias, o ser humano é capaz de realizar ou ter ligações interpessoais. Nesse caso, a história inicial pode ser evocada por questões como: dificuldade que os professores têm hoje de manter a atenção do aluno, a necessidade de concorrer com ferramentas mais atrativas como os celulares, a facilidade de informações que estão à mão em qualquer momento etc.

> **Link útil**
> Para explorar mais o tema *storytelling*, acesse o código ao lado ou: **http://uqr.to/g3ai**.
> Acesso em: 2 out. 2019.

O propósito deste curso é o aprendizado sobre MAE, portanto, é importante que o **processo de engajamento** dos docentes comece com uma leitura prévia sobre o processo de aprendizagem do adulto e objetivos de aprendizagem. Em sala de aula, logo após o *storytelling*, os docentes são estimulados a iniciar uma discussão em plenária sobre o material lido. A discussão em plenária permite ao aluno desenvolver competências, como a busca ativa de informação e senso crítico, além de uma participação responsável no processo de aprendizagem e avaliação.

Em seguida, optou-se pelo o uso de *Clickers*, para consolidação de conceitos importantes sobre os objetivos de aprendizagem. *Clickers* é um sistema de resposta em sala de aula, também pode ser chamado de:

- Sistema de resposta pessoal.
- Sistema de resposta do aluno.
- Sistema de resposta do público-alvo.

Os *Clickers* são mecanismos eletrônicos portáteis de resposta wireless, mas também podem ser utilizadas placas de opções (alternativas do tipo A, B, C, D e E) caso não se disponha de ferramentas *on-line* acessíveis.

O professor deve lançar uma questão ou conjunto de questões de múltipla escolha, definir um tempo para as respostas dos alunos, de acordo com a complexidade ou o número de questões. Essa estratégia, quando utilizada no computador, permite que o professor colete as respostas dos alunos e, automaticamente, o sistema produz um gráfico de barras mostrando quantos alunos escolheram cada uma das opções de resposta.

O professor faz escolhas *on-line* instrucionais em resposta ao gráfico de barras, por exemplo, levando os alunos a discutir pontos críticos de cada opção de resposta ou pedindo aos alunos que discutam a questão em pequenos grupos.

Algumas indicações sobre o uso de *Clickers* são:

- **Perguntas para checagem de leitura prévia:** não geram muita discussão, mas servem para estimular os alunos a recordar conceitos, relembrar questões importantes ou memorizar pontos-chave.
- **Questões conceituais de compreensão:** perguntas deste tipo são mais complexas que as anteriores, ajudam ao professor identificar erros conceituais dos alunos e que podem ser discutidas em sala de aula.

- **Perguntas de aplicação:** estas questões exigem que os alunos apliquem seu conhecimento e compreensão a situações e contextos específicos.
- **Questões críticas de pensamento:** são questões que objetivam os níveis mais altos da Taxonomia de Bloom, exigindo que os alunos analisem as relações entre vários conceitos ou façam avaliações com base em critérios específicos.
- **Perguntas de perspectiva do aluno:** estimulam os alunos a compartilhar suas opiniões, experiências ou informações.

Você pode aprofundar seu conhecimento sobre esta estratégia de *Clickers* consultando Bruff (2014).

> **Link útil**
> Para aprofundar seu conhecimento sobre a **estratégia de *Clickers***, acesse o código ao lado ou: **http://uqr.to/g3aj.** Acesso em: 4 out. 2019.

Na proposta de desenvolvimento dos docentes, a estratégia de *Clickers* foi utilizada com questões do tipo "conceituais de compreensão", para que se pudessem identificar os conceitos que ainda precisassem ser mais explorados sobre os objetivos de aprendizagem.

As etapas propostas, dia a dia, estão explicitadas no Quadro 5.1.

Quadro 5.1 Curso de desenvolvimento de docentes das IES para o uso de metodologias ativas de ensino

Objetivos de aprendizagem	Dinâmica

1. Explicar o conceito de objetivos de aprendizagem considerando o processo de aprendizagem.	• Indicar leitura prévia (extraclasse) sobre o processo de aprendizagem do adulto e objetivos de aprendizagem.
	• Em sala de aula:
	  ○ *Storytelling*.
	  ○ Discussão em plenária.
	  ○ *Clickers*.

2. Delinear objetivos de aprendizagem para disciplinas ou cursos, de acordo com níveis cognitivos.	• Exercício em casa: elaboração de 3 objetivos, respeitando-se cada nível cognitivo de acordo com a Taxonomia de Bloom: ○ Discussão em dupla.

[CONTINUA]

[CONTINUAÇÃO]

Objetivos de aprendizagem	Dinâmica

3. Conhecer metodologias ativas de ensino.	• Indicar leitura prévia/vídeo sobre metodologias ativas de ensino (5 grupos de 4):
	  ○ Quebra-gelo: discussão em grupos sobre as dificuldades no uso de metodologias ativas de ensino e proposta para resolução de uma das dificuldades (em sala de aula, faremos uma seleção das dificuldades para que não haja repetição).
	  ○ Cada grupo escolhe uma das dificuldades e propõe, por meio de um plano de atuação, uma solução para resolver essa dificuldade, aplicando o conceito de objetivos de aprendizagem e utilizando uma metodologia ativa de ensino (trabalho em sala de aula com mediação do professor).

4. Selecionar as metodologias ativas de ensino considerando os objetivos propostos no curso ou disciplina.	• Apresentação dos trabalhados elaborados em grupo. • Cada grupo ficará responsável por julgar um grupo. • *Mini lecture* sobre MAE que não foram abordados anteriormente.
5. Verificar se as MAEs selecionadas resultaram em experiências efetivas de aprendizagem para os alunos.	• *Lecture* sobre a importância da avaliação dos resultados de aprendizagem. • Alinhamento entre as MAEs e os objetivos de aprendizagem. • Simulação realística com casos de aulas dadas por professores.

A simulação realística é capaz de interferir positivamente no aprendizado, ao mobilizar os conteúdos acumulados, por meio de problematização quando o aluno é exposto ao problema e à resolução do mesmo. A simulação estimula o desenvolvimento do raciocínio crítico, reflexivo, fundamental para a tomada de decisão. É capaz de preparar o professor para lidar com desafios de aplicação de novas estratégias ativas de ensino. Além disto, nesse ambiente o professor poderá errar e aprimorar sua atuação.

> **Saiba mais**
>
> A simulação realística é uma estratégia de ensino que auxilia no aprendizado de questões técnicas e comportamentais. Valoriza o aprendizado baseado em experiências práticas. A simulação enquanto evidência científica surgiu durante a Segunda Guerra Mundial com o objetivo de treinar e avaliar a performance de pilotos no contexto da guerra. Buscava-se aprimorar as habilidades deles em voos com problemas climáticos ou a segurança em tal contexto (Baptista; Pereira; Martins, 2014).

Informação complementar – nesse curso de desenvolvimento de professores, a simulação realística será um método ativo de ensino usado para capacitar os professores na gestão da sala de aula e no uso de metodologias ativas. Os casos serão elaborados com base em situações reais e práticas decorrentes de sala de aula, onde poderão ser avaliadas as estratégias escolhidas (MAEs) pelos professores universitários (nesse caso, vivenciando o papel de alunos) e a discussão (ou *debriefing*) será conduzida por um instrutor do curso de capacitação e desenvolvimento. A simulação realística será utilizada como a última etapa do curso.

5.3 Resultados (R)

O **processo de avaliação dos resultados** de aprendizagem dos docentes também é balizado pelo **nível cognitivo preconizado** neste curso. Para se avaliar a competência do docente no estabelecimento de objetivos de aprendizagem, de acordo com o nível cognitivo e considerando-se as estratégias de ensino propostas, precisamos verificar os objetivos que os docentes propuseram, ao se analisar o exercício feito por eles no segundo dia do curso.

Se os objetivos delineados pelos docentes respeitarem as orientações como descrição clara do que se espera do aluno (com verbos de ação), alinhados ao nível cognitivo esperado, nas circunstâncias e padrões preestabelecidos, os docentes atingirão o que se espera deles.

Nas apresentações subsequentes, nas quais os docentes selecionam e propõem as MAEs de acordo com os objetivos de aprendizagem, pode ser avaliada a competência que eles desenvolveram para o uso de tais métodos. Tanto a mediação em sala de aula realizada pelo tutor do curso como as discussões e apresentações orais feitas pelos próprios docentes (aqui no papel de alunos) aos demais membros dos grupos podem ser utilizadas como forma de aprendizagem e avaliação. O tutor é o papel desempenhado pelo professor expert em MAE e responsável por realizar a mediação de todo o curso.

5.4 Avaliação (Av)

A avaliação do curso será realizada com base nos preceitos da **avaliação formativa**. Nessa etapa, o professor tutor ou responsável pelo desenvolvimento do corpo docente poderá acompanhar o **processo de aprendizagem e intervir**, de modo a oferecer ao "aluno" o resultado do desempenho dele. A avaliação formativa deve ser respeitosa e fornecer ao aluno informações sobre pontos positivos ou pontos de melhoria aos quais ele precisa dar atenção.

A **avaliação formativa** é um processo usado por professores e alunos durante a instrução – nesse caso, no curso de desenvolvimento dos professores universitários, que fornece *feedback* com o objetivo de regular o processo ensino-aprendizagem. A **regulação da aprendizagem** requer que ela seja planejada de forma que estimule a participação dos autores do processo.

Perrenoud (1999) aborda três modalidades da avaliação formativa de acordo com o tipo de regulação da aprendizagem:

- **Regulações retroativas:** baseada na "remediação", na qual o professor realiza intervenções, buscando processos de aprendizagens anteriores aos que estão em realização, encontrando as reais defasagens.
- **Regulações interativas:** baseada em aprendizagens já solidificadas, sobre quais os interesses do grupo de discentes, quais os recursos disponíveis e quais as possíveis dificuldades.
- **Regulações proativas:** este tipo permite compreender como os processos de aprendizagens estão ocorrendo, percebendo as aquisições e dificuldades dos alunos.

Ademais, no processo de avaliação formativa, a etapa de autoavaliação é imprescindível. Nesse curso, as propostas que mais bem se aplicam são as **regulações proativa e retroativa**.

Na **regulação proativa**, o tutor, junto aos docentes que estão participando da capacitação, avalia como o processo de aprendizagem está ocorrendo. Uma maneira de se colocar isso em prática é **propor desafios**, nos quais os alunos possam ser avaliados quanto à aprendizagem. A **avaliação é realizada baseada em rubricas**; por exemplo, é solicitado ao docente (nessa experiência, vivenciando o papel de aluno) que defina os objetivos de aprendizagem para determinado conteúdo ou aula que ele ministre no curso e seleciona-se MAE. No instrumento de avaliação do professor, as rubricas irão definir em qual nível ou etapa do processo de aprendizagem o aluno está, a partir das seguintes questões:

- O(s) objetivo(s) está (estão) descrito(s) com um verbo no infinitivo?
- O(s) objetivo(s) está (estão) delineado(s) de acordo com a Taxonomia de Bloom, respeitando-se a etapa cognitiva objetivada para a aula ou conteúdo?
- As metodologias ativas de ensino propostas atendem ao(s) objetivo(s) de aprendizagem proposto(s)?

Esse instrumento permite análise da aprendizagem do aluno, de modo que o tutor compreenda o que o aluno domina ou não. Assim, o tutor terá condições de reformular propostas futuras que possam ajudar de forma geral para que os alunos (nesse caso, os docentes) atinjam os resultados esperados.

Ainda considerando esse exemplo, para colocar em prática a **regulação retroativa**, caberia ao tutor **analisar o processo de aprendizagem dos alunos** e observar a dificuldade apresentada em uma atividade em sala de aula. A análise das propostas poderia, por exemplo, apontar para uma falha na compreensão dos objetivos de aprendizagem, de forma gradativa. Ou seja, a proposta poderia não respeitar o processo de aquisição do conhecimento, de forma gradativa, do menos complexo para o mais complexo. Vamos tentar refletir com um exemplo mais prático ainda.

Imagine que o professor José, da disciplina de Fisiologia, tenha como proposta, no seu primeiro dia de aula, ensinar aos seus alunos de enfermagem, que nunca tiveram nenhuma aula sobre o tema, como funciona o coração. Para isso, estabelece os seguintes objetivos de aprendizagem:

Objetivo 1: Analisar um eletrocardiograma em relação ao ritmo cardíaco, apontando os sinais de taquicardia sinusal.

Objetivo 2: Propor um plano de cuidados para minimizar os sinais de taquicardia sinusal.

Ao se deparar com os objetivos propostos pelo professor José, o tutor do curso de desenvolvimento de professores deve, em uma atividade de mediação individual ou em grupo, fazer com que ele e seus colegas discutam sobre os objetivos propostos, avaliando se eles estão de acordo com o preconizado anteriormente. A partir dessa discussão que facilita a aprendizagem colaborativa, o professor José consegue perceber em qual etapa pode ter falhado e corrigir de forma ativa os objetivos definidos. Nesse caso, chegará à conclusão de que um aluno consegue colocar em prática algo que está relacionado a um processo cognitivo mais apurado (analisar ou propor), sem antes conseguir superar etapas como: conhecer a anatomia cardíaca, explicar sobre o ritmo cardíaco etc.

Consequentemente, após ultrapassar essa compreensão inicial, os alunos de enfermagem ainda podem ter dificuldade de explicar como o coração funciona. Desse modo, a regulação retroativa entrará em cena, com o propósito de remediação, permitindo que o professor se identifique dentro do processo de aprendizagem, buscando preencher lacunas que possam servir de obstáculo para o domínio dessa competência.

5.5 Fechar o *loop* (F)

Na experiência de desenvolvimento dos professores dessa IES para o uso de MAE, o plano de ação de melhoria proposto foi realizado em várias etapas. Após o término do curso, cada docente levou como tarefa avaliar sua disciplina e criticar os pontos que mereciam ser revistos. A ideia foi aproveitar pelo menos 30% do conteúdo de cada disciplina a ser apresentado para os alunos com estratégias ativas de ensino.

Os professores começaram a elaborar os objetivos de aprendizagem, respeitando-se a **Taxonomia de Bloom**, considerando o **objetivo final esperado para cada aluno** ao final daquele semestre ou disciplina. Um grupo de professores já mais experientes com as MAEs encarregou-se de discutir o plano de ensino de cada disciplina com o professor responsável por ela. Esse grupo atuou como *coaching*, em uma relação um a um.

> **Saiba mais**
>
> O conceito de *coaching* surgiu por volta de 1830, na universidade britânica de Oxford, para definir um tutor particular, alguém que ajudava o aluno a se preparar para um exame de determinada matéria. Com o tempo, passou a ser usado também para se referir a um instrutor ou treinador de cantores, atletas ou atores. *Coaching* vem da palavra inglesa "coach", que significa treinador. Esse treinador tem o objetivo de encorajar e motivar o cliente a atingir um objetivo, ensinando novas técnicas que facilitem seu aprendizado.
>
> Disponível em: https://www.significados.com.br/coaching. Acesso em: 7 jan. 2019.

A responsabilidade do professor *coaching* era avaliar se os objetivos de aprendizagem estavam claros, de acordo com o nível de desenvolvimento do aluno, se as estratégias de ensino propostas, assim como o processo de avaliação, estavam alinhadas aos objetivos de aprendizagem.

A última etapa de tal processo era realizada em sala de aula. O professor responsável conduzia sua aula de acordo com o que fora proposto e o professor *coaching* avaliava a aula ministrada de acordo com as habilidades de gestão do tempo e gestão da sala de aula. No final, o professor responsável recebia um *feedback* e também se autoavaliava.

Conclusão

No fechamento deste capítulo, volto às três perguntas feitas no caso da abertura do capítulo para respondê-las:

A maioria dos professores, no seu processo de formação habitual no campo da pedagogia, já obteve informações sobre a **Taxonomia de Bloom** e a importância dos **objetivos de aprendizagem**. No entanto, em alguns cursos superiores, os professores fazem a transição direta da atuação prática ou operacional para a área acadêmica, sem formação específica para a docência. Normalmente, são bons profissionais que se destacam por sua atuação em empresas ou escritórios, e por isso são escolhidos para compartilhar o conhecimento com quem está se graduando. A migração da prática para o ensino, por ora, sem a formação adequada no campo da pedagogia, os torna menos competentes na adoção de métodos e estratégias exigidos para a docência e, assim, há necessidade de formação suplementar sobre o tema.

Possivelmente, os professores sabem o que são Metodologias Ativas de Ensino (MAE), no entanto, colocá-las em prática não é uma tarefa tão fácil. Existe um receio por parte dos professores de perder o controle da sala de aula, ao ter que sair de sua zona de conforto. Ao ter a possibilidade de discutir sobre suas dificuldades, como na proposta do curso aqui descrito, é provável que a ansiedade diminua e eles se sintam mais confiantes pelo menos para tentar modificar a sua ação docente. É fato que o apoio institucional sob o ponto de vista de recursos físicos e pessoais também ajuda muito nesse processo. O tema das metodologias ativas é bastante abrangente. Para você ter alguns exemplos dessas técnicas, consulte Nunes (2017).

Para não perder o controle da sala de aula, o professor deverá nesse curso refletir e buscar desenvolver algumas competências essenciais ao professor no uso de metodologias ativas de ensino. Entre essas competências, podem-se citar:

- **Ser organizado:** o planejamento em relação ao tempo e às atividades planejadas para que atendam aos objetivos propostos faz com que o professor não perca a credibilidade e adquira a confiança dos alunos.
- **Ser criativo:** para isto, é preciso querer se arriscar, ler bastante sobre métodos ativos e conhecer bem cada grupo ou sala de alunos. Essa condição é imprescindível, pois, grupos diferentes de alunos apresentam necessidades e reações diferentes. O número de alunos ou o momento do curso em que eles se encontram também influencia.

- Saber desenvolver no aluno a **responsabilidade pelo próprio aprendizado**: para isto, o aluno precisa entender o que é um método ativo de ensino. O professor precisará deixar claro que ele não é mais o centro do conhecimento, e sim um tutor capaz de ajudar o aluno a encontrar respostas para desafios ou problemas da sua prática.

Entender o papel de professor na aplicação de MAEs exige dos docentes atuais rever suas **crenças sobre o processo de ensino e aprendizagem**. É aceitar que o aluno, muitas vezes, aprende apesar da escolha pouco efetiva das metodologias de ensino adotadas pelos professores. A geração *millennial* (gerações Z e Y) já não tem paciência com perda de tempo, portanto, suas atividades em sala de aula devem ser de fato proveitosas. Sendo assim, o papel do professor não é dispensável, muito pelo contrário, no atual contexto de excesso de informações ele será o facilitador que ajudará a guiar os alunos nessa nova jornada.

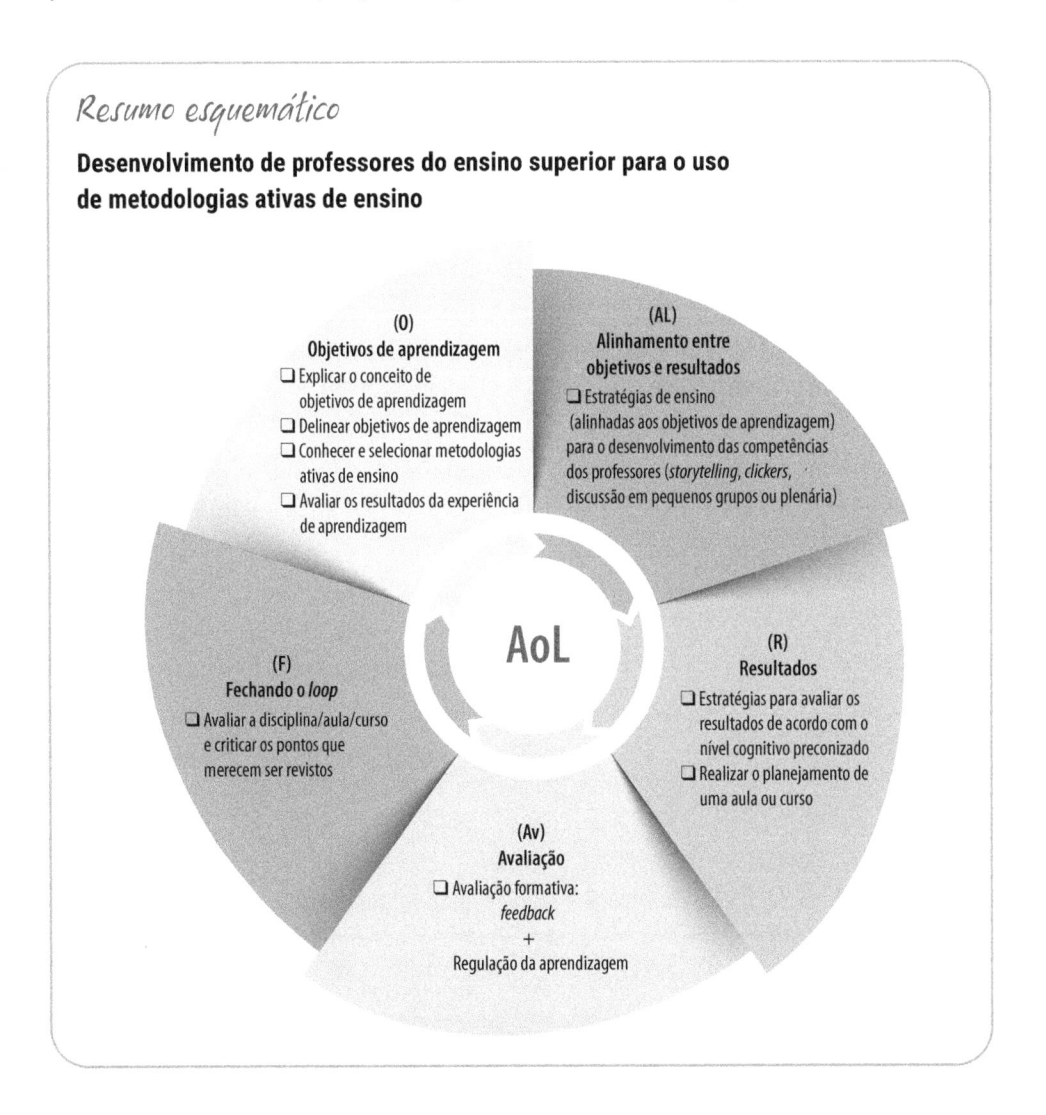

Resumo esquemático

Desenvolvimento de professores do ensino superior para o uso de metodologias ativas de ensino

(O) Objetivos de aprendizagem
- Explicar o conceito de objetivos de aprendizagem
- Delinear objetivos de aprendizagem
- Conhecer e selecionar metodologias ativas de ensino
- Avaliar os resultados da experiência de aprendizagem

(AL) Alinhamento entre objetivos e resultados
- Estratégias de ensino (alinhadas aos objetivos de aprendizagem) para o desenvolvimento das competências dos professores (*storytelling*, *clickers*, discussão em pequenos grupos ou plenária)

(R) Resultados
- Estratégias para avaliar os resultados de acordo com o nível cognitivo preconizado
- Realizar o planejamento de uma aula ou curso

(Av) Avaliação
- Avaliação formativa: feedback + Regulação da aprendizagem

(F) Fechando o *loop*
- Avaliar a disciplina/aula/curso e criticar os pontos que merecem ser revistos

AoL

Questões para discussão

1. Quais questões devem ser consideradas ao se propor o preparo ou a capacitação do corpo docente para o uso de MAEs?
2. Qual é a principal característica da mudança no papel dos professores quando do uso de metodologias ativas de ensino?
3. O que é a avaliação formativa?
4. Quais são os três tipos de modalidades da avaliação formativa por tipo de regulação da aprendizagem, de acordo com o Perrenoud (1999)?
5. No exemplo apresentado de curso de capacitação dos professores para o uso de MAEs, ao solicitar que um professor faça o planejamento de uma aula ou curso, quais são as questões (ou rubricas) que o tutor precisa avaliar?

Referências

ALMEIDA, M. T. C. *Desenvolvimento docente em métodos ativos de ensino/aprendizagem na formação do médico*. 2010. Tese (Mestrado) – Universidade Federal de São Paulo. São Paulo.

BAPTISA, R. C. N.; PEREIRA, M. F. C. R.; MARTINS, J. C. A. Simulação no ensino de graduação em enfermagem: evidências científicas. In: MARTINS, J. C. A.; MAZZO, A.; MENDES, I. A. C.; RODRIGUES. M. A. *A simulação no ensino de enfermagem*. Ribeirão Preto: Sociedade Brasileira de Comunicação em Enfermagem, 2014. p. 65-81.

BRASIL. Ministério da Educação. Conselho Nacional da Educação. Diretrizes Curriculares Nacionais dos Cursos de Graduação em Enfermagem, Medicina e Nutrição. 2001. Disponível em: http://portal.mec.gov.br/dmdocuments/ces1133.pdf.

BRUFF, D. Classroom response system ("clickers"). Disponível em: https://cft.vanderbilt.edu/guides-sub-pages/clickers. Acesso em: 17 jan. 2109.

DUTRA, J. S. *Competências*: conceitos, instrumentos e experiências. 2. ed. São Paulo: Atlas, 2017.

DUTRA, J. S.; FLEURY, M. T. L.; RUAS, R. (Org.). *Competências*: conceitos, métodos e experiências. São Paulo: Atlas, 2008.

ELLIS, D. E. *Princípios fundamentais para um planeamento curricular eficaz*. Coimbra: Escola Superior de Educação de Coimbra, 2008. (Pedagogia no Ensino Superior, 2.)

FERREIRA, C.; CARVALHO, J. M.; CARVALHO, L. F. Q. Impacto da metodologia de simulação realística, enquanto tecnologia aplicada à educação nos cursos de saúde. In: Seminário de Tecnologias aplicadas em Educação em Saúde. Pernambuco: UFRPE/UAG. II STAES, 2018.

FREIRE, P. *Pedagogia do oprimido*. Rio de Janeiro: Paz e Terra, 2005.

HILL, M. A guide to Bloom's taxonomy. Disponível em: https://ii.library.jhu.edu/2015/01/30/a-guide-to-blooms-taxonomy. Acesso em: 3 out. 2018.

INEP – Instituto Nacional de Estudos e Pesquisas Educacionais Anísio Teixeira. Matrículas no ensino superior crescem 3,8%. Censo da educação superior, 9 de setembro de 2014. Disponível em: http://portal.inep.gov.br/artigo/-/asset_publisher/B4AQV9zFY7Bv/content/matriculas-no-ensino-superior-crescem-3-8/21206. Acesso em: 5 maio 2019.

MASETTO, M. T. Professor universitário: um profissional da educação na atividade docente. In: MASETTO, M. T. (Org.). *Docência universitária*. 10. ed. Campinas: Papirus, 2009. p. 9-26.

MENEZES, M. G.; SANTIAGO, M. E. Contribuição do pensamento de Paulo Freire para o paradigma curricular crítico-emancipatório. *Pro-Posições*, 25, 3 (75): 45-62, 2014.

MORAN, J. Mudando a educação com metodologias ativas. In: SOUZA, C. A.; MORALES, O. E. T. (Org.). *Convergências midiáticas, educação e cidadania*: aproximações jovens. Ponta Grossa: Foca Foto-PROEX/UEPG, 2015. (Coleção Mídias Contemporâneas, v. 2.)

NASSIF, V. M. J.; HANASHIRO, D. M. H.; TORRES, R. R. Fatores que influenciam na percepção das competências para o exercício da docência. *Revista Brasileira de Educação*, Belo Horizonte, v. 15, n. 44, p. 365-401, maio/jun. 2010.

NUNES, T. Metodologias ativas: 7 estratégias para usar em sala de aula. 2017. Disponível em: https://pontodidatica.com.br/metodologias-ativas. Acesso em: 27 dez. 2018.

PERRENOUD, P. *Avaliação*: da excelência à regulação das aprendizagens, entre duas lógicas. Porto Alegre: Artmed, 1999.

PINHEL, I.; KURCGANT, P. Reflexões sobre competência docente no ensino de enfermagem. *Revista da Escola de Enfermagem da USP*, São Paulo, v. 41, n. 4, p. 711-716, dez. 2007.

RODRIGUES, E. S. T. Aprendizagens através da avaliação formativa. Disponível em: http://www.pedagogia.com.br/artigos/avaliacaoformativa/index.php?pagina=5. Acesso em: 27 dez. 2018.

RUIZ-MORENO, L.; PITTAMIGLIO, S. E. L.; FURUSATO, A. M. Lista de discussão como estratégia de ensino-aprendizagem na pós-graduação em saúde. *Interface – Comunicação Saúde Educação*, v. 12, n. 27, p. 883-892, out./dez. 2008.

CAPÍTULO 6

Assista ao vídeo

PROJETO PEDAGÓGICO NAS INSTITUIÇÕES DE ENSINO SUPERIOR: DESAFIOS E O PAPEL DO DIRETOR ACADÊMICO PARA GARANTIA DA GESTÃO DEMOCRÁTICA

Dolores Maria Sereno Galvão Vilaça

Objetivo de aprendizagem

- Compreender a elaboração de um programa educacional que pretende trabalhar com o desenvolvimento da análise enquanto objetivos de aprendizagem.

Caso de contextualização

Recentemente, em um programa de formação de diretores acadêmicos da Instituição de Ensino Superior (IES) de uma grande cidade do Estado de São Paulo, os professores foram convidados a compartilhar o Projeto Pedagógico (PP) de seus cursos de graduação com os colegas, com foco no debate a respeito da tomada de consciência dos problemas e das possíveis soluções enfrentadas na proposta educacional das IES. No entanto, apesar da diversidade na realidade das instituições e suas respectivas comunidades, os diretores começaram a perceber a semelhança nos textos, na identidade das instituições e suas estratégias de gestão democrática.

Você é o diretor de uma dessas instituições e já vinha percebendo a frustração por parte dos membros da comunidade quanto aos resultados e possibilidades de participação na elaboração do plano de ação. Ao refletir e perceber que a maior dificuldade no atendimento das expectativas dos membros da comunidade está na ausência das premissas de participação ativa de todos os segmentos previstos na gestão democrática – pais, alunos, professores, funcionários e a comunidade –, você se pergunta: qual o meu papel, enquanto diretor, na garantia de participação desses segmentos para validar a proposta educacional da minha IES? Ao terminar de apresentar seu PP, você sentiu algumas inquietações que não tinham respostas, dentre elas:

- Você e os demais atores entendem as premissas da gestão democrática previstas na Lei de Diretrizes e Bases da Educação Nacional (LDB)?
- Você e os professores das áreas de formação específicas são capazes de identificar os marcos regulatórios da proposta curricular nacional?
- Sua IES tem trabalhado com políticas de formação docente continuada?

As respostas para estes questionamentos poderiam ser resolvidas por meio de um curso de formação que pudesse ajudá-los a repensar suas práticas e concepções a respeito da importância de um projeto pedagógico que leve em consideração as peculiaridades de sua comunidade, respeitando os seus elementos essenciais.

> **Saiba mais**
>
> O Projeto Político Pedagógico, quando inserido na Educação Superior, é intitulado de diversas formas: Projeto Pedagógico (PP), Projeto Institucional (PI), Projeto Educacional (PE) ou Projeto Político Pedagógico (PPP). Para fins deste capítulo, trataremos como PP.

Introdução

Ao tomarmos o século XIX como o século da Educação, especificamente a segunda metade desse período, acompanhamos a consolidação dos Estados-nação e consequentemente o surgimento dos sistemas nacionais de ensino em diversos países, como forma e objetivo de universalizar a instrução pública e garantir o direito à educação a suas populações. É nesse século que se inicia o movimento de transformação da educação, que passa do ensino individual realizado em espaços domésticos para o ensino coletivo ministrado em espaço público, como forma de política pública.

Em contraste ao cenário mundial, em nosso país a implantação de um sistema nacional de educação permaneceu no plano das ideias e debates políticos que não se materializaram. Hoje, no século XXI, encontramos entre nossas metas educacionais a universalização do ensino fundamental e a erradicação do analfabetismo.

Nessa perspectiva, a grande problemática é que tais metas, concluídas por grande parte das nações, continuam como projeto a longo prazo, o que nos apresenta algumas características das nossas políticas públicas educacionais, entre elas a descontinuidade e a ausência de um trato sistêmico da educação.

No Brasil, temos a LDB (Lei nº 9.394/96, atualizada até 2017), que determina diretrizes, metas e estratégias para a política educacional. Esse documento retoma grande parte das políticas de universalização da educação em todos os níveis. Os artigos 3º, 12, 13, 14 e 56 da LDB tratam da gestão democrática.

Portanto, a gestão democrática da educação prevê a participação ativa da comunidade na formação dos projetos pedagógicos como essencial.

> **Saiba mais**
>
> A **gestão democrática** é entendida como a participação efetiva dos vários segmentos da comunidade, pais, professores, estudantes e funcionários na organização, na construção e na avaliação dos projetos pedagógicos, na administração dos recursos, enfim, nos processos decisórios.

Apesar das prerrogativas legais para elaboração do projeto, as unidades se diferenciam entre si por suas peculiaridades como, por exemplo, a região em que cada instituição de ensino se situa. Quanto mais colaborativo for o projeto de elaboração, maior será a possibilidade de atingimento de metas e benefícios para a comunidade. Veja na Figura 6.1 os princípios básicos do Projeto Político Pedagógico.

> **Saiba mais**
>
> O Projeto Pedagógico é um instrumento que reflete a proposta educacional da instituição. É por meio dele que a comunidade e da região pode desenvolver um trabalho coletivo, cujas responsabilidades pessoais e coletivas são assumidas para execução dos objetivos estabelecidos.

Figura 6.1 Princípios do projeto político pedagógico.

6.1 Definir objetivos de aprendizagem do aluno (O)

Neste projeto de formação de diretores das IES, foi organizado um curso de 25 horas voltado para um público de dez alunos – os diretores. As atividades foram divididas em cinco encontros presenciais, além da utilização do espaço *on-line* para realização de leituras prévias e entrega de atividades. O início do curso, com o intuito de obter engajamento, partiu de uma dinâmica conhecida como discussão plenária.

Como apresentado no Capítulo 2, os **objetivos de aprendizagem** são **declarações claras e válidas** do que os professores pretendem que os seus alunos aprendam e sejam capazes de fazer no final de uma sequência de aprendizagem. Para essa experiência, espera-se dos diretores e vice-diretores das escolas municipais de ensino fundamental:

- Compreender as premissas da gestão democrática.
- Identificar e selecionar os marcos regulatórios da proposta curricular.
- Identificar e selecionar políticas de formação docente continuada.

> **Fique atento**
>
> Essas questões estão alinhadas com a segunda etapa do processo de gestão da aprendizagem descrito no Capítulo 1: entender o contexto, conhecer o público-alvo e definir os objetivos de aprendizagem.

Os **objetivos** devem considerar um **desempenho que se quer mensurar**, sob determinados critérios e condições de desempenho predeterminados. Para o desenvolvimento dos diretores, os objetivos de aprendizagem são:

1. Explicar o conceito de **gestão democrática** considerando a participação ativa dos atores da comunidade escolar.
2. Definir a **proposta curricular da Instituição de Ensino Superior** de acordo com os marcos regulatórios nacionais.
3. Propor **políticas de formação docente continuada** para a realidade do calendário da IES.

Observa-se nesses enunciados que o nível cognitivo esperado para os docentes evolui gradativamente do básico para o mais avançado, de acordo com o que se preconiza na Taxonomia de Bloom. Começamos com explicar – nível cognitivo básico – e propomos o desenvolvimento para o nível avançado com a criação.

6.2 Alinhamento entre objetivos e resultados (AI)

Para garantir o alinhamento entre os objetivos de aprendizagem e os resultados, devemos propor atividades associadas aos objetivos, ou seja, estratégias de ensino que possibilitem a aprendizagem do aluno. Para tal, devemos levar em consideração o engajamento do aluno e o desenvolvimento das competências esperadas na preparação do programa educacional.

A primeira etapa se refere ao planejamento das atividades. Nesta etapa é importante respeitar o domínio do docente na aplicação das dinâmicas para sua melhor condução. Aqui, definimos as seguintes:

- Discussão em plenária com leitura prévia.
- Exposição dialogada.
- *Peer instruction*.
- *Lecture*.
- Análise de case.
- Debate.

A segunda etapa se refere à implementação da atividade, adequada à complexidade do objetivo a ser avaliado. Vamos trabalhar a utilização de cada uma no contexto de aprendizagem.

Após a etapa *on-line*, quando os diretores tiveram a oportunidade de se apresentar e indicar suas expectativas, propomos a realização de uma atividade quebra-gelo para a consolidação do diagnóstico em sala de aula. Nesse ambiente, os diretores são estimulados a iniciar uma **discussão plenária** a partir de situação-problema enviada previamente na etapa EAD do curso. A discussão em plenária permite ao aluno desenvolver competências, como a busca ativa de informação e senso crítico, além de uma participação responsável no processo de aprendizagem e avaliação.

Em seguida, optou-se pelo o uso da **exposição dialogada**, para consolidação de conceitos importantes sobre as premissas da **gestão democrática**. Aqui, a exposição do docente é intercalada com questões conceituais que serão utilizadas na dinâmica de *peer instruction*, posteriormente, para trabalhar a aplicação da gestão democrática na produção do PPP de suas escolas.

Quadro 6.1 Objetivos de aprendizagem e estratégias – Dia 1

Objetivo de aprendizagem	Divisão do tempo – Dia 1 – 5 horas		
	Estratégias de ensino		
Interpretar e explicar as premissas da gestão democrática (LDB)	Quebra-gelo com apresentação das expectativas quanto ao curso	Discussão plenária baseada em situação-problema	Exposição dialogada: gestão democrática
Estratégia de ensino utilizada: *peer instruction*			

O objetivo da **peer instruction** como estratégia de aprendizagem é de engajar ativamente os estudantes nos conceitos trabalhados em determinado programa educacional, fazendo com que eles possam utilizar tais conceitos em dinâmicas que facilitem a aprendizagem e a aplicação prática. Funciona em três ações básicas: Pensar/Pesquisas; Trabalhar em Duplas; Compartilhar. Assim podemos trabalhar habilidades transversais como comunicação, resolução de problemas e reflexão crítica.

> *Saiba mais*
>
> A *peer instruction* foi apresentada por Eric Mazur, professor de Física do curso de Engenharia da Universidade Harvard. A expressão pode ser compreendida como instrução pelos pares ou instrução pelos colegas; a prática é comumente referenciada entre as metodologias ativas de aprendizagem.

> **Link útil**
> Para saber mais sobre *peer instruction*, acesse o código ao lado ou: http://uqr.to/g3am.
> Acesso em: jan. 2019.

No segundo encontro, começamos com a realização de um *brainstorm* como técnica de aprendizagem utilizada para retomar conceitos relacionados a gestão democrática. Essa atividade geralmente movimenta o início do encontro, já que os alunos estarão de pé trabalhando com os post-its e canetas esferográficas como recursos para trabalhar a "tempestade de ideias" e obter ideias e reflexões do que deve ser levado em consideração para garantir uma gestão democrática do seu ambiente escolar.

Como trabalhar a técnica de *brainstorm* em sala de aula:

- **Primeiro passo:** reunir todos os alunos em pequenos grupos – sugestão para esta turma: dois grupos com cinco alunos cada.
- **Segundo passo:** disponibilizar para cada aluno um marcador e post-its.
- **Terceiro passo:** explicar o objetivo do *brainstorm* – tempestade de ideias. Sugestão para esta turma: criação de ideias para execução da gestão democrática em seu ambiente escolar.
- **Quarto passo:** incentivar os alunos a incluírem o máximo de ideias possíveis, sem limitar a criatividade e sem pensar nos limites práticos da execução de suas ideias.

Após finalizarmos a disposição das ideias, deixaremos todos os post-its na disposição indicada pelos alunos e voltaremos com a proposta de *lecture* – **aula expositiva** unida a **exposição dialogada** – para tratar os marcos regulatórios curriculares e a formação docente continuada.

Após o desenvolvimento das *lectures*, os alunos voltam ao debate possibilitado com as ideias desenvolvidas na técnica de *brainstorm* para esboçar as premissas de gestão democrática de sua escola. Aqui eles poderão retirar os post-its e adicionar as ideias em seus esboços.

Quadro 6.2 Objetivos de aprendizagem e estratégias – Dia 2

Dia 2 – Carga horária: 5 horas	
Objetivos de aprendizagem	**Divisão do tempo – Dia 2** **Estratégias de ensino**
Identificar e selecionar os marcos regulatórios da proposta curricular nacional	Aula expositiva – Exposição dialogada: Marcos regulatórios curriculares e formação docente continuada
Identificar e selecionar políticas de formação docente continuada	Aula expositiva – Exposição dialogada: Marcos regulatórios curriculares e formação docente continuada

No terceiro dia trabalhamos com **análise de case**, produzida pelo docente, que propõe a análise de problemas basilares nos temas de proposta curricular e formação docente, tais como mudança da base comum curricular e o tempo de dedicação dos docentes para formação. Para evitar conflitos, na presente seção serão discutidos casos ou artigos acadêmicos com problemas elementares nessas questões, para que se possa identificar com o plano de ações e estratégia das respectivas escolas.

Quadro 6.3 Objetivos de Aprendizagem e estratégias – Dia 3

Dia 3 – Carga horária: 5 horas	
Objetivos de aprendizagem	Divisão do tempo – Dia 3 Estratégias de ensino
Interpretar e explicar as premissas de gestão democrática (PNE)	Análise de *Case*: Analisar *case* nos temas proposta curricular e formação docente.
Identificar e selecionar os marcos regulatórios da proposta curricular nacional	Análise de *Case*: Analisar *case* nos temas proposta curricular e formação docente.

O quarto encontro, após o trabalho com o esboço, é focado na dinâmica conhecida como **avaliação em pares (*peer assessment*)** – formato de avaliação formativa realizada em pares. Neste momento, focamos no *feedback* individual e em grupos do trabalho, processo que será continuado também nas escolas. Esse formato de avaliação é realizado em conjunto com a autoavaliação formal, em que os estudantes refletem sobre seus próprios esforços e ampliam essa reflexão com a troca de *feedback* sobre o trabalho deles e de seus pares. Tem o potencial de envolver os alunos no processo de aprendizagem e desenvolve sua capacidade de reflexão crítica e avaliativa em relação ao seu próprio aprendizado e desenvolvimento de competências.

> **Saiba mais**
>
> Como desenvolver critérios de avaliação em pares com os seus alunos:
>
> Race (2001) descreve um processo em sala para o desenvolvimento de critérios para uso em pares avaliando uma tarefa em particular. Race observa que o processo em si engendra o envolvimento do aluno e um senso de propriedade.
>
> Para garantir que os alunos reflitam criticamente e no início durante uma tarefa de avaliação ampla e somativa, como um relatório ou ensaio:
>
> - Divida a turma em pequenos grupos com três ou mais membros.

- Peça aos alunos que apresentem ao grupo um rascunho de seu trabalho até o momento.
- Peça ao grupo para dar *feedback* informal aos seus pares sobre o seu progresso.

Você também pode fazer com que o grupo forneça uma avaliação formal com base, por exemplo, em como os pontos são apoiados pelas evidências, bem como o estilo e a apresentação do rascunho.

Com esse exercício, os alunos podem refletir sobre seu trabalho no início de um processo de avaliação.

Peer assessment é um termo em inglês referente à avaliação por pares, na qual os alunos comentam e avaliam trabalhos de seus colegas.

Link útil

Para obter mais informação sobre *peer assessment*, acesse o código ao lado ou: http://uqr.to/g3an. Acesso em: jan. 2019.

Quadro 6.4 Objetivos de aprendizagem e estratégias – Dia 4

Dia 4 – Carga horária: 5 horas	
Objetivo de aprendizagem	**Divisão do tempo – Dia 4** **Estratégias de ensino**
Reelaborar os elementos em um novo modelo de PP	*Peer assessment* Avaliação em pares para realização de *feedbacks* individuais e em grupo, com foco na dinâmica de reorganização do produto realizada nos últimos quatro encontros.

O quinto e último encontro propõe o **debate entre as equipes** em que tanto diretores quanto professores irão debater os pontos focais para a formação colaborativa do documento. No segundo momento desse dia, cada um dos diretores fará a **apresentação oral** do seu projeto e das ideias para o plano de ação de sua instituição de ensino. O *feedback* em grupos será atrelado à avaliação formativa em sala de aula.

Quadro 6.5 Objetivos de aprendizagem e estratégias – Dia 5

Dia 5 – Carga horária: 5 horas			
Objetivos de aprendizagem	Divisão do tempo – Dia 4 Estratégias de ensino		
Reelaborar os elementos em um novo modelo de PP	Debate entre equipes – Simulação	Apresentação oral	Feedback em grupos

6.3 Resultados (R)

Como já foi dito, a escolha de uma atividade de aprendizagem deve ser adequada à complexidade do objetivo a ser avaliado. Se o docente pretende avaliar nos alunos o desenvolvimento da competência visão sistêmica, ele deve escolher uma atividade que permita atingir esse objetivo. Nessa etapa, o docente irá pensar nas medidas para avaliar a aprendizagem.

O **processo de avaliação dos resultados** de aprendizagem dos diretores também é balizado pelo **nível cognitivo preconizado** nesse curso. Para se avaliar a competência do alunato no estabelecimento de objetivos de aprendizagem, de acordo com o nível cognitivo e considerando-se as estratégias de ensino propostas, precisamos verificar os objetivos que os docentes propuseram, ao se analisar o projeto final entregue por eles no quinto encontro.

Se os definidores operacionais foram definidos com verbos de ação e respeitando o nível cognitivo preconizado, atingiu-se o que se esperava deles.

6.4 Avaliação (Av)

A avaliação do curso acontecerá em três momentos:

- **Avaliação diagnóstica:** realizada na etapa *on-line* do curso e que levantará dados do perfil do nosso público-alvo tais como: anos de trabalho como diretor acadêmico, esfera do poder público em que trabalha e também dados técnicos como principais dúvidas quanto à elaboração do projeto pedagógico e no tocante aos três primeiros definidores operacionais do curso.
- **Avaliação formativa:** acontecerá entre a segunda e a quinta aula, através de debate em grupo que fornecerá *feedback* com o objetivo de regular o processo de ensino-aprendizagem, tanto individual quanto em grupos. Na última aula também propomos a apresentação oral dos seguintes tópicos: missão, comunidade, diretrizes pedagógicas e plano de ação da escola, como forma de avaliação formativa de aprendizagem.

- **Autoavaliação:** no processo de avaliação formativa também é imprescindível e será estimulada a partir da *peer evaluation*.

6.5 Fechar o *loop* (F)

Como apresentado no Capítulo 1, o último passo da Gestão de Aprendizagem é fechar o *loop* (F), desenvolvendo um plano de ação de melhoria como resultado de uma reflexão crítica.

Na experiência de formação de diretores para elaboração do projeto político-pedagógico, o plano de ação de melhoria proposto foi realizado no último encontro. Após a apresentação oral dos seus projetos, cada diretor levou como tarefa os pontos críticos para debate com a comunidade e fortalecimento da gestão democrática do seu plano de ação.

O docente também precisa compreender esse fechamento como experiência prática e reflexão para as próximas turmas e possibilidade de melhoria contínua.

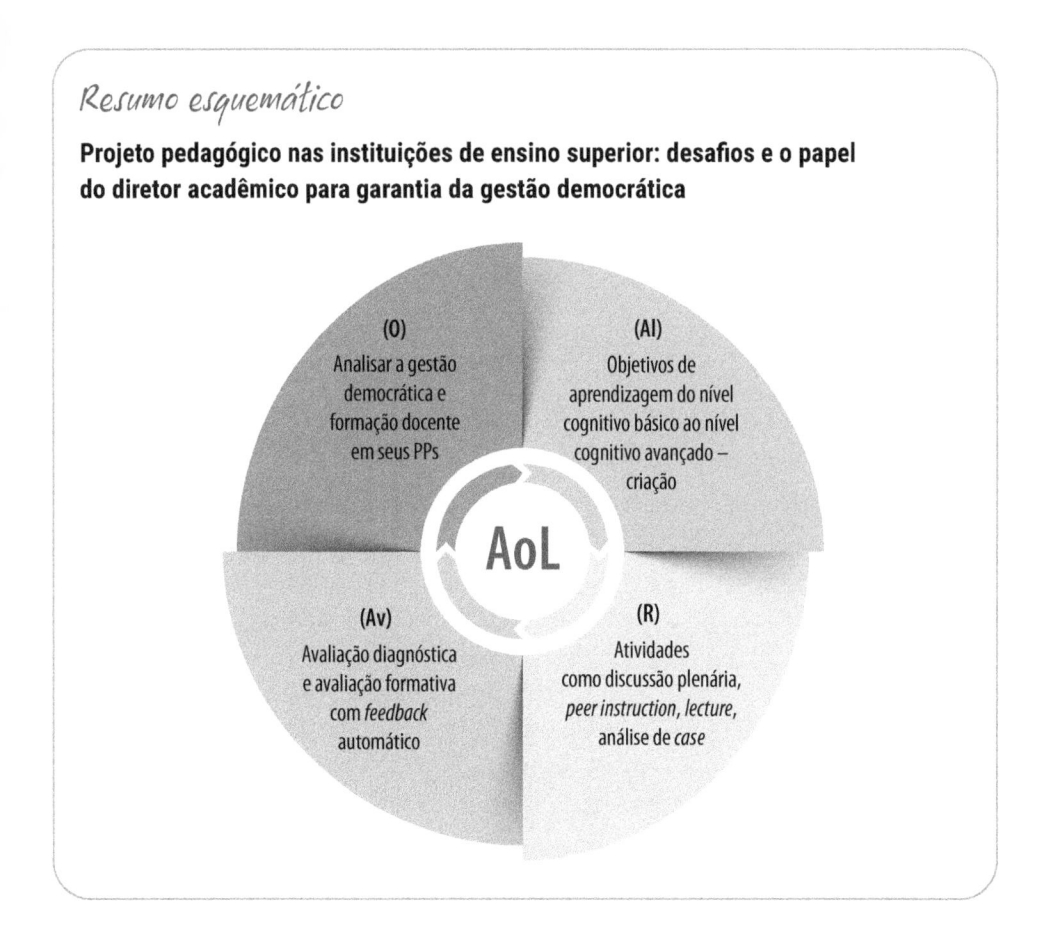

Resumo esquemático

Projeto pedagógico nas instituições de ensino superior: desafios e o papel do diretor acadêmico para garantia da gestão democrática

(O) Analisar a gestão democrática e formação docente em seus PPs

(AI) Objetivos de aprendizagem do nível cognitivo básico ao nível cognitivo avançado – criação

(Av) Avaliação diagnóstica e avaliação formativa com *feedback* automático

(R) Atividades como discussão plenária, *peer instruction, lecture,* análise de *case*

AoL

Questões para discussão

1. Ao elaborar um programa educacional, é possível perceber a importância de materializar os conteúdos, tidos como um conjunto de teorias, conceitos e técnicas, em desenvolvimento de habilidades e competências. Ao fazê-lo, qual a importância de entender em qual nível cognitivo estamos trabalhando em nossos objetivos de aprendizagem?
2. Qual a importância de tornar os objetivos de aprendizagem mensuráveis no processo de ensino e aprendizagem? Que papel a avaliação formativa assume em suas disciplinas?
3. Ao elaborar esse programa educacional, você deve ter observado a divisão do tempo e das estratégias de ensino em conexão direta com os objetivos de aprendizagem. Qual seu *feedback* e experiência em tomar as estratégias de ensino a serviço dos objetivos? Algumas dessas estratégias podem ser trabalhadas em suas disciplinas?
4. A técnica de *brainstorm* foi aplicada, em nosso segundo encontro, com o objetivo de retomar conceitos já trabalhados previamente pelos diretores. Você acredita que essa mesma técnica pode ser útil para a elaboração de programas educacionais por parte do corpo docente?
5. Considerando que esse programa foi compartilhado, na íntegra, com os alunos no primeiro dia de aula, com o propósito de alinhamento de expectativas, qual sua opinião sobre essa participação? Acredita ser benéfica?

Referências

BORDIGNON, G. Gestão democrática da escola cidadã. In: Ceará. Secretaria da Educação. *Novos paradigmas de gestão escolar*. Fortaleza: SEDUC, 2005.

BRASIL. Lei nº 9.394/96, atualizada até 2017. Lei das Diretrizes e Bases da Educação Nacional LDB. Disponível em: http://www.planalto.gov.br/ccivil_03/LEIS/L9394.htm.

BRASIL. Presidência da República. Secretaria de Assuntos Estratégicos. *Pátria Educadora*: a qualificação do ensino básico como obra de construção nacional. Brasília: SAE, 2015.

GUEDES, J. V.; SILVA, A. M. F.; GARCIA, L. T. S. Projeto político-pedagógico na perspectiva da educação em direitos humanos: um ensaio teórico. *Rev. Bras. Estud. Pedagog.*, Brasília, v. 98, n. 250, p. 580-595, dec. 2017. Disponível em: http://www.scielo.br/scielo.php?script=sci_arttext&pid=S2176-66812017000300580&lng=en&nrm=iso. Acesso em: 31 jan. 2019.

NOGUEIRA, N. R. *Projeto Político Pedagógico (PPP)*: guia prático para construção participativa. São Paulo: Érica, 2009.

PORTELA, A. L.; ATTA, D. M. A. A dimensão pedagógica da gestão da educação. In: RODRIGUES, M. M.; GIÁCIO, M. (Org.). *PRASEM III*: guia de consulta. Brasília: FUNDESCOLA: MEC, 2001. p. 119-158.

RACE, P. *The lecturer's toolkit*. 2. ed. Londres: Kogan Page, 2001.

CAPÍTULO 7

▶ Assista ao **vídeo**

APRENDER E EXPERIMENTAR: GESTÃO DA APRENDIZAGEM PARA UM CURSO DE TEORIA SOCIAL

Amanda Albuquerque Gross

Objetivos de aprendizagem

- Entender as oportunidades para aplicar gestão da aprendizagem e metodologias ativas em um curso de teoria social.
- Ser capaz de aplicar o processo de gestão da aprendizagem e introduzir metodologias ativas em cursos teóricos de Ciências Sociais Aplicadas ou outras disciplinas.

Caso de contextualização

Quem já estudou disciplinas teóricas e metodológicas no campo das Ciências Sociais Aplicadas conhece bem a tradicional dinâmica de leituras, aulas expositivas, seminários e discussões em sala. Como atividades de avaliação, em geral, há provas escritas, *papers*, ensaios ou resenhas. Quando o curso começa, o professor disponibiliza o plano de ensino com a programação das aulas e uma extensa bibliografia que deve ser lida e debatida aula a aula. Como forma de tentar engajar de maneira ativa o aluno, uma parte da bibliografia apresentada pode ser objeto de seminários preparados e apresentados pelos alunos que, em geral, também são avaliativos.

De maneira nenhuma isso representa uma crítica ao modelo tradicional, mas, sim, uma oportunidade para repensá-lo à luz das concepções em gestão da aprendizagem e da abordagem em metodologias ativas.

Poucos são os cursos teóricos, por exemplo, que combinam outras formas de tomar contato com a teoria-objeto do curso. Será que vídeos amplamente disponibilizados na internet, por exemplo, não poderiam representar o contato direto do aluno com os autores e uma forma de busca ativa por conhecimento por parte dos alunos, amplificando o seu engajamento com a disciplina e o conteúdo? Como extrapolar o contexto da sala de aula em cursos teóricos de maneira geral? Seria possível colocar o aluno em contato direto ou virtual com pesquisadores e teóricos extrapolando os textos e as leituras? Como propor atividades práticas que ajudem o aluno a experimentar a aplicação da teoria?

A oportunidade de planejar um curso em teoria social, no caso, a Teoria Ator-Rede e o contato com a abordagem em gestão da aprendizagem e metodologias ativas, culminaram no projeto que apresentarei a seguir. Espero que ele represente uma forma inovadora de facilitar o processo de ensino e aprendizagem de disciplinas desse gênero para graduação, pós-graduação e extensão em Ciências Sociais Aplicadas ou outros campos.

Introdução

A Teoria Ator-Rede (TAR) é uma corrente em teoria social com origem na década de 1980 na área de estudos de ciência, tecnologia e sociedade. Seus principais autores são Michel Callon, Bruno Latour e John Law (Cavalcanti; Alcadipani, 2013; Andrade, 2010). Essa abordagem parte de pressupostos pós-estruturalistas, mas propondo radical simetria entre atores humanos e não humanos e um olhar processual para as associações entre esses atores e seus interesses.

Os trabalhos em TAR já transitam pelos mais diversos campos do conhecimento e das disciplinas de humanidades, impactando as ciências sociais de maneira geral e, sobretudo, os estudos de ciência e tecnologia (Czarniawska, 2009; Woolgar, Coopmans; Neyland, 2009). A TAR também tem sido aplicada em estudos baseados na prática (Nicolini, 2009; Feldman; Orlikowski, 2011; Gherardi, 2009; 2017) e abordagens em sociomaterialidade (Orlikowski, 2010; Frers, 2009).

Suas principais características são:

- Olhar processual para a agência (atuação) dos atores e redes sociotécnicas envolvidas na produção de conhecimento e do mundo no qual vivemos.
- Utilização da etnografia como metodologia para a identificação das redes sociotécnicas e das controvérsias científicas de um determinado campo do conhecimento e dos processos de tradução/translação.
- Radical simetria entre atores humanos e não humanos envolvidos no processo.

Um exemplo dessa abordagem é o foco da TAR no laboratório como espaço de produção científica tipicamente moderno. É no espaço do laboratório que os atores humanos e não humanos – cientistas, equipamentos, computadores, tubos de ensaio, reagentes, organismos, entre outros – se associam em um árduo trabalho e são submetidos a um processo de organização que os conjuga para a produção do conhecimento científico. Dessa forma, a ciência e seu poder estariam relacionados a uma certa "engenharia do heterogêneo", na qual o social, o técnico, o conceitual e o textual são conjugados ou "transladados" em produtos científicos mais ou menos estabilizados, isto é, heterogêneos apesar de parecerem únicos (Cavalcanti; Alcadipani, 2013).

> **Link útil**
> Para saber mais sobre a **TAR e suas aplicações**, acesse o código ao lado ou: **http://uqr.to/g3ap**.
> Acesso em: 26 jan. 2019.

Sendo uma teoria social tão recente, ainda possui poucos cursos inteiramente voltados para ela, sobretudo na área das Ciências Sociais Aplicadas, como a administração e os estudos organizacionais – áreas nas quais a Teoria Ator-Rede vem sendo também aplicada. Além disso, sendo uma teoria tão recente, todos os principais acadêmicos estão vivos e atuantes, sendo altamente produtivos. Com a disseminação hoje da internet e de conteúdos gratuitos, não seria difícil encontrar os mais diversos materiais audiovisuais com os próprios autores apresentando seus seminários ou até mesmo discutindo entre si, por exemplo. Assim, seguindo as cinco etapas da gestão da aprendizagem, proponho um planejamento inovador para um curso em teoria social. Entendo que o planejamento aqui apresentado pode também servir de inspiração para outros cursos em teoria social e ainda outros campos do conhecimento com grande corpo teórico a ser discutido.

> **Links úteis**
>
> Para conhecer algumas **aplicações da TAR no campo da Administração**, acesse os códigos abaixo:
>
> http://uqr.to/g3aq
> http://uqr.to/g3ar
> http://uqr.to/g3as
> http://uqr.to/g3au
> http://uqr.to/g3aw
> http://uqr.to/g3ax
>
> Acesso em: 3 out. 2019.

Desta maneira, a proposta foi dimensionada para um curso com dois módulos. No primeiro módulo, proponho uma introdução à teoria e, para tal, defino como objetivo de aprendizagem que os alunos, ao final do módulo, sejam capazes de criticar teoricamente trabalhos e pesquisas que utilizem a Teoria Ator-Rede (TAR). No segundo, proponho como objetivo de aprendizagem a experimentação da TAR por meio da realização de uma etnografia e da produção de um relato de campo.

Em síntese, os objetivos de aprendizagem definidos são:

- Módulo 1: criticar teoricamente trabalhos e pesquisas que utilizem a Teoria Ator-Rede (TAR).
- Módulo 2: experimentar a TAR realizando uma etnografia e produzindo um relato de campo.

Em relação à carga horária, o módulo introdutório tem um total de 32 horas, divididas em oito aulas semanais e presenciais de quatro horas e mais oito horas semanais para preparação de aulas e atividades extraclasse. Já o módulo prático está dimensionado para 16 horas, divididas em oito sessões semanais de duas horas e até dez horas semanais para realização da etnografia e relato de campo. No segundo módulo a professora oferecerá horários de orientação individual para o trabalho de campo e desenvolvimento do relato, seguindo a proposta teórico-metodológica da TAR. Propõe-se que esse curso possa ser oferecido em programas de graduação, pós-graduação e, até mesmo, como curso de extensão, considerando que tanto alunos inscritos nos programas como aqueles já formados possam ter interesse em conhecer e aplicar a TAR. Considerando essas três possibilidades de contexto, alguns ajustes podem ser realizados caso o curso tenha um público mais específico. Os módulos são recomendados para quem tiver interesse em trabalhar com a abordagem em suas pesquisas e projetos.

Os módulos podem ser cursados de maneira independente e, levando em conta o nível de conhecimento do aluno, é possível realizar o módulo aplicado sem cursar o módulo teórico. A ambição do curso é que ele seja interdisciplinar e possa atender alunos oriundos de diversas formações. Nas Ciências Sociais Aplicadas, a Administração é onde a TAR está mais desenvolvida.

Com esta breve apresentação da TAR, suas aplicações e as linhas gerais do curso, seguimos para as etapas do processo de gestão de aprendizagem propostos, desde a definição dos objetivos (O), alinhamento entre objetivos (Al), resultados (R), avaliação (Av) e o fechamento do *loop* (F), conforme apresentado no Capítulo 1 deste livro.

7.1 Definir objetivos de aprendizagem do aluno (O)

A definição dos objetivos é a primeira etapa das cinco que compõem o processo de Gestão da Aprendizagem descrita no Capítulo 1. Essa definição é central e deve levar em conta características de entorno como: contexto do curso, métodos de ensino, recursos e métodos de avaliação. Os objetivos representam as competências e capacidades esperadas dos alunos ao final do processo.

Para esse curso, defini, como objetivo do primeiro módulo, que o aluno seja capaz de analisar e comparar, teoricamente, trabalhos e pesquisas que utilizem a TAR. E, para o segundo módulo, que ele seja capaz de desenhar e realizar uma etnografia e um relato de campo. Considerando a Taxonomia de Bloom, o primeiro objetivo apresentado está no nível cognitivo intermediário referente ao grupo de verbos "analisar", enquanto o segundo objetivo está em um nível cognitivo avançado referente às capacidades de "criar".

Dentro de cada módulo, há objetivos de aprendizagem específicos que guiam o planejamento das atividades, dinâmicas, avaliação e *feedback*. Os objetivos secundários para o primeiro e segundo módulos são apresentados no Quadro 7.1.

Quadro 7.1 Objetivos de aprendizagem

	Módulo 1 – Introdução	Módulo 2 – Experimentação
Objetivos principais	**Analisar e comparar**, teoricamente, trabalhos e pesquisas que utilizem a TAR	**Desenhar e realizar** uma etnografia e um relato de campo
Objetivos secundários	**Reconhecer** principais conceitos da TAR	**Organizar** previamente o trabalho de campo a ser realizado, considerando aspectos práticos (autorização, agenda etc.) e aspectos teóricos
	Explicar, com exemplos concretos, os principais conceitos (ator-rede, rede sociotécnica, tradução/translação, controvérsias, cartografia)	**Estruturar** proposta de pesquisa, considerando pergunta a ser respondida, perspectiva adotada dentro da TAR e técnicas de pesquisa de campo a serem utilizadas, assim como cronograma de execução
	Interpretar trabalhos científicos que utilizem a TAR como abordagem teórico-metodológica	**Executar** etnografia aplicando a TAR como lente teórico-metodológica
	Diferenciar textos teóricos com abordagem em TAR *versus* outras teorias correlatas.	**Produzir** relatório etnográfico aplicando a TAR como lente teórico-metodológica
	Produzir ensaio teórico discutindo conceitos e abordagens em TAR	

Considerando as características de contexto, como já dito na introdução do capítulo, estamos ponderando que o curso possa ser oferecido em graduação, pós-graduação ou extensão para programas de Ciências Sociais e Administração, assim como está aberto a propostas de candidatos de outras áreas, uma vez que a TAR vem sendo aplicada nos mais diversos contextos e em colaboração com as mais diversas áreas do conhecimento. O curso tem um contexto mais acadêmico e científico do que técnico ou profissionalizante.

A proposta é que o curso possa ser realizado de maneira *blended* com as sessões introdutórias sendo realizadas de maneira virtual, embora a maior parte das sessões seja presencial em ambos os módulos.

Com isso, seguimos para a etapa 2, na qual devemos realizar o alinhamento entre os objetivos e os resultados desejados, por meio das atividades e dinâmicas propostas.

7.2 Alinhamento entre objetivos e resultados (AI)

Definir atividades e dinâmicas em alinhamento com os objetivos propostos para o curso é fundamental para a percepção de propósito e engajamento dos alunos com o planejamento. Por sua vez, a ampliação de seu engajamento e da percepção de propósito tende a amplificar suas possibilidades de aprendizagem e do desenvolvimento das competências esperadas.

Assim, as atividades pressupõem atuação antes e depois das aulas, dentro e fora de sala em ambos os módulos, sendo o primeiro iniciado por uma sessão de webconferência com a apresentação do curso e lançamento do *prework* que deverá ser preparado para a primeira das oito sessões presenciais que seguem. Esse módulo se encerra com uma atividade realizada após a última aula, que seria a produção do ensaio teórico e que funciona como uma avaliação somativa. Cada objetivo secundário, como pode ser visto no Quadro 7.2, representa uma série de atividades que percorrem uma ou mais aulas. Para cada uma das atividades há uma combinação de avaliação somativa, *feedback* e possibilidades de intervenção – temas que trataremos nas seções seguintes deste capítulo.

Quadro 7.2 Planejamento das atividades, avaliações, intervenções e *feedbacks* para o módulo introdutório do curso

Direcionadores operacionais, dinâmicas de aprendizagem e avaliação no tempo			
Objetivos de aprendizagem	Divisão do tempo		
	Prework	Aula 1	Aulas 2, 3 e 4
Reconhecer principais conceitos da TAR	**Atividade 1:** webconferência para apresentação do curso e instruções para atividade 2. **Atividade 2:** pesquisar conteúdo audiovisual sobre o tema e levar para apresentação e discussão na aula 1.	**Atividade 1:** discussão do *prework*, em grupos, guiada por roteiro de perguntas apresentado pelo professor. **Atividade 2:** apresentação e discussão em plenária do resultado da discussão em grupo.	**Atividade 1:** pré-leitura da bibliografia de referência, conforme o planejamento. **Atividade 2:** discussão em grupos e plenária com montagem de lousa pelo professor. **Atividade 3:** *lecture* breve sobre os principais conceitos.

[CONTINUA]

[CONTINUAÇÃO]

Direcionadores operacionais, dinâmicas de aprendizagem e avaliação no tempo

Objetivos de aprendizagem	Divisão do tempo		
	Prework	*Aula 1*	*Aulas 2, 3 e 4*
Explicar, com exemplos concretos, os principais conceitos (ator-rede, rede sociotécnica, tradução /translação, controvérsias, cartografia)		**Avaliação diagnóstica:** avaliar o conhecimento que os alunos apresentam sobre os conceitos e os exemplos concretos da TAR. **Intervenção:** resultado dessa avaliação deve guiar intervenções para as próximas 3 aulas.	**Avaliação formativa:** avaliar evolução do domínio que os alunos apresentam sobre os conceitos e exemplos concretos da TAR. **Feedback:** em sala de aula, moderando as discussões.

Objetivos de aprendizagem	Divisão do tempo		
	Aula 5	*Aula 6*	*Aula 7*
Interpretar trabalhos científicos que utilizem a TAR como abordagem teórico-metodológica	**Atividade 1:** *lecture* com pesquisador convidado para apresentar resultados de pesquisas realizadas. **Atividade 2:** pré-leituras de texto indicado pelo convidado para discussão em sala. **Avaliação formativa:** avaliar capacidade dos alunos para discutir com o pesquisador e colegas em sala, assim como domínio/propriedade dos principais conceitos da TAR. **Feedback:** em sala de aula, moderando as discussões.		

[CONTINUA]

[CONTINUAÇÃO]

Direcionadores operacionais, dinâmicas de aprendizagem e avaliação no tempo			
Objetivos de aprendizagem	**Divisão do tempo**		
	Aula 5	Aula 6	Aula 7
Diferenciar textos teóricos com abordagem em TAR de outras teorias correlatas		**Atividade 1:** pré-leituras de artigos, publicações e teses. O aluno também será estimulado a assistir a bancas ou mesas e GTs sobre o tema. **Atividade 2:** fazer síntese da leitura ou da apresentação assistida para discussão em grupo e em plenária na aula. **Avaliação formativa:** avaliar domínio/propriedade dos principais conceitos da TAR na apresentação da síntese e na discussão com colegas em sala. **Feedback:** em sala de aula, moderando as discussões.	
Objetivos de aprendizagem	**Divisão do tempo**		
	Aula 6, 7 e 8	Pós-aulas	
Produzir ensaio teórico discutindo conceitos e abordagens em TAR	**Atividade 1:** primeiro esboço individual do ensaio teórico. **Avaliação formativa:** aluno deve enviar um documento em formato predeterminado apresentando seus interesses e prévia do que pretende trabalhar em seu ensaio. **Feedback:** individual (*office hours*).	**Atividade 1:** produção individual do ensaio teórico. **Avaliação somativa:** avaliação do trabalho entregue, conforme rubrica definida. **Feedback:** revisão por escrito do trabalho entregue e indicações para cursar módulo 2.	

No que se refere ao módulo 2, ele também se inicia com uma webconferência para apresentação do planejamento, atividades e direcionamentos para a atividade que deve ser realizada para a primeira aula: o primeiro esboço do projeto de pesquisa, considerando os aspectos teóricos e metodológicos, assim como aspectos práticos que viabilizem o trabalho de campo. É importante trabalhar de maneira antecipada, uma vez que uma etnografia é um trabalho imersivo que envolve grande volume de horas e dedicação do pesquisador em campo. Também é importante avaliar as questões práticas para garantir o acesso do pesquisador e as devidas autorizações, evitando qualquer impasse e até mesmo práticas antiéticas. Neste módulo, as atividades giram todas em torno do projeto de pesquisa dos alunos, realizando discussões e *feedbacks* em sala de aula, horas de atendimento individual aos alunos para discussão de questões específicas dos projetos e do andamento dos trabalhos de campo e construção dos relatos. O módulo se encerra com a entrega do relatório etnográfico após o período de aulas, o qual funcionará como uma avaliação somativa. No Quadro 7.3, a proposta de alinhamento entre objetivos, atividades, avaliações, *feedbacks* e intervenções.

Quadro 7.3 Planejamento das atividades, avaliações, intervenções e *feedbacks* para o módulo aplicado do curso

Objetivos de aprendizagem	Divisão do tempo		
	Prework	Aula 1	Aulas 2, 3 e 4
Organizar previamente o trabalho de campo a ser realizado, considerando aspectos práticos e aspectos teóricos	**Atividade 1:** webconferência para apresentação do curso e instruções para atividade 2. **Atividade 2:** iniciar o esboço de uma proposta de pesquisa.	**Atividade 1:** discussão do *prework* em grupos guiada por roteiro de perguntas apresentado pelo professor. **Atividade 2:** apresentação e discussão em plenária do resultado da discussão em grupo. **Avaliação diagnóstica:** avaliar domínio que os alunos apresentam dos conceitos e da aplicação da TAR. **Feedback:** em pares e pelo professor na moderação das discussões. **Intervenção:** resultado dessa avaliação deve guiar intervenções para as próximas 3 aulas.	**Atividade 1:** pré-leitura da bibliografia de referência. **Atividade 2:** discussão em grupos e plenária com montagem de lousa. **Atividade 3:** *lecture* breve sobre os principais conceitos. **Avaliação formativa:** avaliar domínio que os alunos apresentam dos conceitos e da aplicação da TAR. **Feedback:** em sala de aula, moderando as discussões.

[CONTINUA]

[CONTINUAÇÃO]

Objetivos de aprendizagem	Divisão do tempo		
	Aulas 3 e 4	Aulas 5 e 6	Aulas 7 e 8
Estruturar proposta de pesquisa, considerando a pergunta a ser respondida, perspectiva teórico-metodológica dentro da TAR, definição de técnicas de pesquisa a serem empregadas, assim como cronograma de execução	**Atividade 1:** apresentação individual da proposta de pesquisa em plenária com *feedback* (nestes dias, a aula será de 4 horas). **Avaliação formativa:** avaliar qualidade da proposta e condições de execução. **Feedback:** em sala de aula, *feedback* entre pares e do professor visando um bom andamento da pesquisa de campo.		

Objetivos de aprendizagem	Divisão do tempo		
	Aulas 3 e 4	Aulas 5 e 6	Aulas 7 e 8
Executar etnografia aplicando a TAR como lente teórico-metodológica		**Atividade 1:** discussão em grupos dos principais aprendizados e desafios do trabalho de campo com síntese para discussão em plenária. **Avaliação formativa:** avaliar andamento dos trabalhos de campo, qualidade dos *findings* e da aplicação da TAR. **Feedback:** em sala de aula, *feedback* entre pares e do professor visando um bom andamento da pesquisa de campo.	

[CONTINUA]

[CONTINUAÇÃO]

Objetivos de aprendizagem	Divisão do tempo		
	Aulas 3 e 4	Aulas 5 e 6	Aulas 7 e 8
Produzir relatório etnográfico aplicando a TAR como lente teórico-metodológica			**Atividade 1:** apresentação individual da prévia do relatório etnográfico em plenária com *feedback* (nestes dias, a aula será de 4 horas). **Avaliação formativa:** avaliar qualidade do trabalho realizado em campo, *findings* e a aplicação da TAR. **Feedback:** em sala de aula, *feedback* entre pares e do professor para orientar o trabalho final.

Objetivos de aprendizagem	Divisão do tempo
	Pós-aulas
Produzir relatório etnográfico aplicando a TAR como lente teórico-metodológica	**Atividade 1:** produção do relatório etnográfico individualmente no formato proposto pelo professor. **Avaliação somativa:** avaliação do trabalho entregue, conforme rubrica definida. **Feedback:** revisão por escrito do trabalho entregue.

Com isso, entendo ter apresentado o alinhamento entre as atividades e os objetivos de aprendizagem, podendo seguir para a terceira fase de avaliação dos resultados do processo.

Podemos encontrar na internet vídeos que registrem apresentações de congressos e seminários realizados. Você certamente poderá encontrar alguns para a teoria em que estiver trabalhando.

> **Link útil**
>
> Para conhecer um desses exemplos para o caso da **Teoria Ator-Rede**, acesse o código ao lado ou: **http://uqr.to/g3ay**. Acesso em: 2 out. 2019.

7.3 Resultados (R)

A avaliação de resultados refere-se à aplicação de instrumentos, atividades ou dinâmicas que permitam ao professor mensurar o desenvolvimento e o processo de aprendizagem do aluno considerando os objetivos propostos para o curso e para cada uma de suas etapas.

Nesse curso, optei por combinar avaliações diagnósticas, formativas e somativas. Lembre-se, como vimos no Capítulo 1 deste livro, de que as avaliações diagnósticas têm o papel de coletar evidências, em geral, no começo do curso ou em algum momento específico para que se possa, através de avaliações formativas, comparar a evolução do processo de aprendizagem. Isso permite ao professor realizar intervenções, quando necessárias, modificando seu planejamento inicialmente previsto, além de fornecer *feedback*s aos alunos. As avaliações somativas são utilizadas, em geral, ao final dos cursos ou programas para mensurar o atingimento dos objetivos de aprendizagem propostos, assim como gerar insumos para o professor revisar o planejamento das próximas turmas.

Dessa forma, no primeiro módulo desse curso, propus realizar já na primeira aula uma avaliação diagnóstica com base nas discussões em grupo e plenária realizadas em sala sobre o *prework* apresentado pelos alunos. O resultado dessa avaliação deve guiar as intervenções e a revisão de planejamento para as aulas seguintes. Nas três aulas seguintes, a proposta é realizar avaliações formativas sobre a evolução do domínio dos alunos sobre os principais conceitos e capacidade de explicação por meio de exemplos concretos. No caso dessas avaliações, os *feedback*s para os alunos serão realizados em sala de aula durante as discussões. Veja no Quadro 7.2 como essas atividades estão distribuídas ao longo das aulas e como se alinham aos objetivos propostos, nestes casos: (a) reconhecer os principais conceitos da TAR e (b) explicar, como exemplos concretos, os principais conceitos da teoria, como rede sociotécnica, controvérsia científica, ator-rede, entre outros. Tais objetivos referem-se a níveis cognitivos básicos pertencentes aos grupos "lembrar" e "entender", conforme o Quadro 1.1 apresentado no Capítulo 1 deste livro.

Para a aula 5, propus como atividade a discussão com pesquisador convidado sobre o trabalho ou discussão teórica apresentada por ele. A avaliação baseia-se na mensuração da capacidade dos alunos para discutir com o pesquisador convidado. O objetivo de aprendizagem proposto aqui é interpretar trabalhos científicos que utilizem a TAR como abordagem teórico-metodológica – objetivo também de nível básico e do grupo "entender", conforme a Taxonomia de Bloom.

Já para as aulas 6 e 7, sugiro a leitura de artigos, dissertações, teses e outras publicações a serem levantadas pelos próprios alunos, assim como recomendadas na bibliografia do curso. Sobre as leituras, os alunos devem produzir textos de síntese para apresentação e discussão em sala. Com base nessas apresentações e discussões, será realizada uma avaliação formativa acerca do domínio dos principais conceitos em relação a teorias sociais correlatas. O objetivo de aprendizagem definido para essas aulas é: diferenciar os textos teóricos com a abordagem em TAR das teorias correlatas.

Para as aulas 6, 7 e 8, os alunos deverão produzir um esboço do que seria o seu ensaio final, uma espécie de resumo expandido. Sobre esse documento, também será realizada uma avaliação formativa, com *feedback* individual em horário extraclasse, para auxiliar na produção do ensaio final que será produzido após o encerramento das aulas. O ensaio teórico final será objeto de uma avaliação somativa, conforme rubrica definida. O *feedback* será realizado de maneira escrita e funcionará como *assessment* para o segundo módulo do curso.

Nesse segundo módulo, também trabalharemos com a avaliação diagnóstica já na primeira aula, objetivando entender a capacidade que os alunos possuem para aplicar os conceitos no esboço de um desenho de sua pesquisa, considerando os aspectos teóricos e práticos. O resultado dessa avaliação deve guiar as intervenções nas aulas seguintes. Já na segunda aula, uma avaliação formativa realizada sobre a discussão em sala com base nas pré-leituras deverá mensurar a capacidade e o domínio dos alunos sobre a aplicação dos conceitos para o desafio de pesquisa. Os *feedback*s serão realizados em pares e também pelo professor durante a moderação das discussões em grupo e em plenária. O objetivo de aprendizagem desta fase é de nível cognitivo avançado: organizar previamente o trabalho de campo a ser realizado, considerando os aspectos práticos e teóricos.

Nas aulas 3 e 4, os alunos apresentarão seus projetos de pesquisa em plenária e receberão *feedbacks* de pares e do professor para a condução da pesquisa da maneira mais assertiva possível. Entre as aulas 5 e 6, os alunos já deverão estar realizando seu trabalho de campo e, em sala, terão de apresentar e discutir seu andamento, principais dificuldades encontradas. A avaliação sobre esse trabalho também tem caráter formativo e os *feedback*s seguem no sentido de auxiliar os alunos na condução da pesquisa, assim como garantir uma boa qualidade de descobertas e relatos etnográficos. Lembre-se de que o objetivo de aprendizagem desta etapa é: estruturar proposta de pesquisa, considerando a pergunta a ser respondida, perspectiva teórico-metodológica dentro da TAR, definição de técnicas de pesquisa a serem empregadas, assim como cronograma de execução.

As aulas 7 e 8 serão utilizadas para que os alunos apresentem à sala, em plenária, uma prévia de seus relatórios etnográficos e recebam *feedback*s dos colegas e da professora. O objetivo de aprendizagem aqui é: produzir o relatório etnográfico aplicando a TAR como lente teórico-metodológica, sendo que as atividades das aulas 7 e 8 são intermediárias para o atingimento de tal objetivo. É somente no período após as aulas que os alunos construirão a versão final de seu relatório etnográfico, o qual será submetido a uma avaliação somativa, conforme rubrica definida. Os *feedback*s para os alunos serão realizados de maneira escrita nessa fase.

Assim, entendo ter apresentado o método pelo qual as formas de avaliação dos resultados do desenvolvimento dos alunos em relação aos objetivos propostos deverão se dar nesse curso, assim como a maneira com que estas atividades se combinam com os objetivos e as dinâmicas propostas.

7.4 Avaliação (Av)

Nesta fase, que ocorre a cada ciclo de avaliação, seja ela diagnóstica, formativa ou somativa, devemos apurar o desenvolvimento dos alunos em relação aos objetivos propostos, assim como realizar uma avaliação do próprio planejamento do curso. A avaliação do planejamento deve ocorrer para garantir que os objetivos propostos possam ser atingidos, para entender se as dinâmicas e atividades propostas estão contribuindo para o processo, entre outras possibilidades de intervenção na turma corrente ou nas subsequentes.

Os *feedback*s, como já brevemente apresentado na seção anterior, podem ser realizados pessoalmente (em classe durante discussões ou após apresentações realizadas pelos alunos) ou por escrito, sobretudo em casos de trabalhos de conclusão do curso, quando não será mais viável estar presente com todos os alunos. Todas essas possibilidades estão propostas no planejamento do curso, considerando o modelo mais adequado para cada uma das situações e objetivos, assim como aquele que seja praticamente viável. O planejamento dos *feedback*s e seu alinhamento com os objetivos e atividades propostas pode ser visto nos Quadros 7.2 e 7.3 para ambos os módulos do curso.

Como dito no Capítulo 1 deste livro, dar *feedback* é uma arte e alguns critérios precisam ser levados em consideração com foco nas evidências objetivas, como o resultado do trabalho e a apresentação. A forma como se fala e termos utilizados são muito importantes, assim como a atenção dada aos itens mais relevantes e que poderão agregar mais valor ao resultado final, deixando de lado detalhes. O reforço positivo àquilo que foi assertivo e adequado deve vir antes das sugestões de melhoria. Apresentar exemplos e alternativas reforça o caráter de diálogo e permite ao aluno a decisão final sobre quais *feedback*s incorporar ao trabalho e como fazê-lo. Todas essas recomendações são ainda mais valiosas e devem ser levadas com mais atenção e cautela quando o *feedback* é realizado de maneira coletiva em sala, evitando assim uma exposição negativa ou reatividade do aluno. É importante também se colocar disponível para futuras conversas, uma vez que nem sempre o *feedback* pode ser bem compreendido "de primeira".

7.5 Fechar o *loop* (F)

Seguimos agora para o próximo e último passo do processo de gestão de aprendizagem. Certamente, esse é um passo muito importante, pois trata de realizar uma reflexão crítica sobre todo o processo, o planejamento, revisitar os objetivos, dinâmicas, avaliação, formatos e momentos dos *feedback*s. Tal revisão crítica deverá gerar uma lista de itens que devem ser modificados ou melhorados no curso, assim como aquilo que deve ser eliminado para as próximas turmas.

Além dos modelos de reflexão apresentados no Capítulo 1, o curso aqui apresentado também tem como proposta ouvir diretamente dos alunos suas percepções e avaliações sobre o processo. A proposta é reservar ao final dos módulos, na última aula, cerca de 30 minutos para ouvir os alunos diretamente. Técnicas de *feedback* como "I like, I wish" podem ser aplicadas para ajudar os alunos a se posicionarem, visto que não temos cultura de *feedback*s desenvolvida. Além disso, será distribuído um questionário *on-line* para que os alunos possam também se colocar de maneira anônima.

Com o resultado do *feedback* presencial, somado ao *feedback on-line* e anônimo, e às minhas próprias percepções, aplicarei os modelos de reflexão para gerar listas de melhorias, mudanças e permanências a serem levadas em consideração na aplicação do curso nas próximas turmas, assim como entre os módulos do curso.

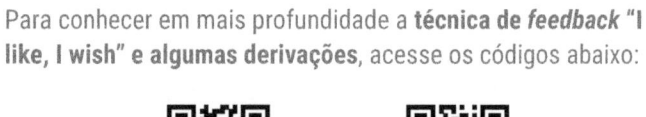

> **Links úteis**
>
> Para conhecer em mais profundidade a **técnica de *feedback* "I like, I wish" e algumas derivações**, acesse os códigos abaixo:
>
> http://uqr.to/g3az
> http://uqr.to/g3b0
> http://uqr.to/g3b1
> http://uqr.to/g3b3
>
> Acesso em: 2 out. 2019.

Conclusão

Concluindo, neste capítulo apresentei uma proposta para a condução de um novo modelo de curso para teoria social, aplicando o processo de gestão da aprendizagem e metodologias ativas que amplificam o engajamento dos alunos. Como descrito no capítulo, esse processo é formado por cinco etapas, começando pela definição dos objetivos de aprendizagem (O) do curso. Com os objetivos definidos, partimos para o alinhamento (Al), esses objetivos às atividades que possam garantir seu atingimento. A terceira etapa, por sua vez, é quando apuramos os resultados (R), isto é, mensuramos através de avaliações somativas e formativas se os objetivos estão sendo atingidos. Com tais resultados apurados, seguimos para a fase da avaliação (Av), quando damos aos alunos *feedback*s sobre seu desempenho, pontos de acerto e melhorias. Por fim, na última etapa, fechamos o *loop* (F) fazendo um balanço sobre todo o curso e desenvolvendo um plano de ação para mudanças que podem impactar o próximo módulo, mas também, sobretudo, as próximas turmas.

Como isso, resgato o caso de contextualização e questiono a você, leitor: o planejamento apresentado é diferente dos cursos de teoria social que você conhece e vivenciou? Como ele é diferente? No que ele ainda pode ser parecido? Poderia ser ainda mais diferente entregando os objetivos de aprendizagem propostos? E, com essas perguntas respondidas, deixo o desafio de seguirmos juntos pensando em novos modelos de gestão da aprendizagem para cursos teóricos e revisando continuamente nossos planejamentos e objetivos enquanto docentes, garantindo assim o aprendizado de nossos alunos.

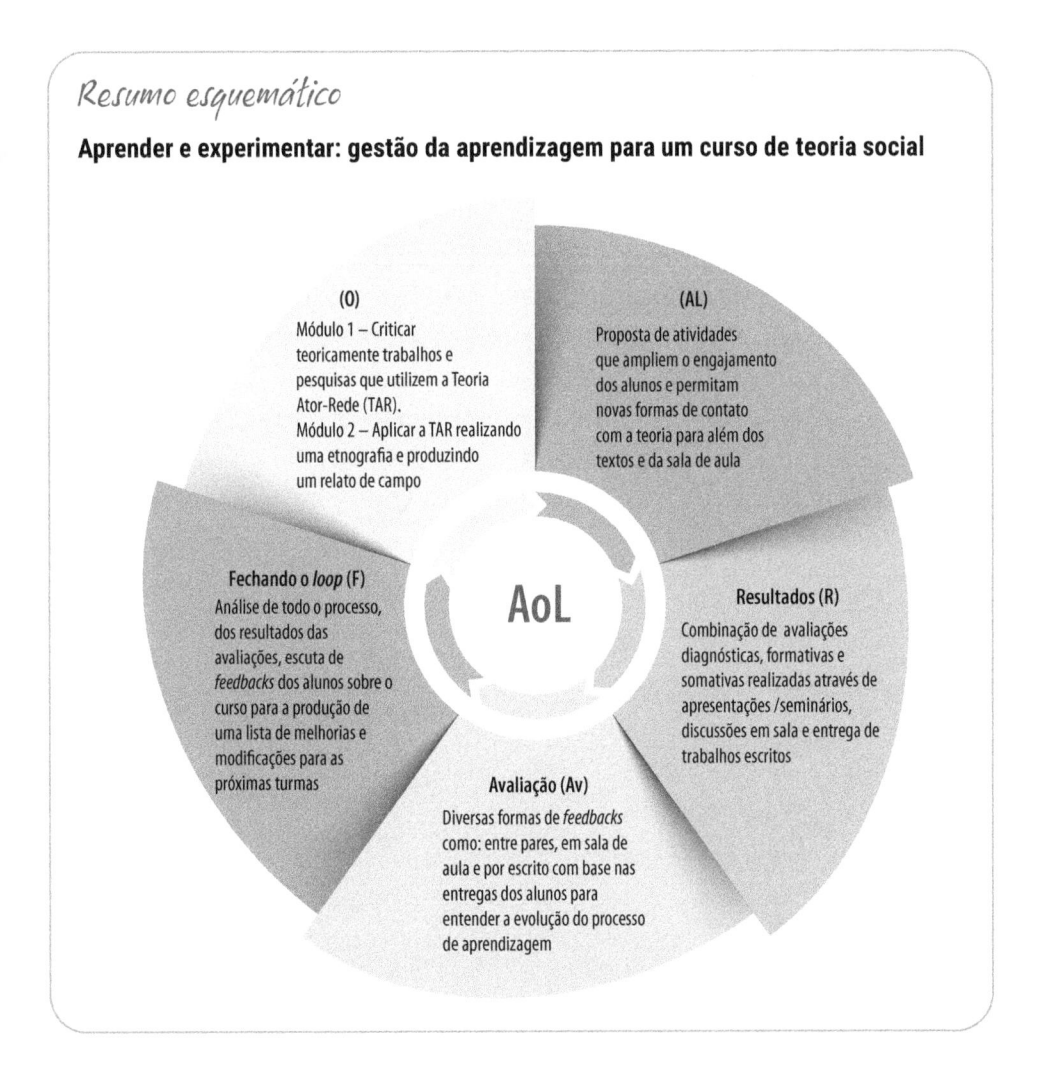

Resumo esquemático

Aprender e experimentar: gestão da aprendizagem para um curso de teoria social

(O)
Módulo 1 – Criticar teoricamente trabalhos e pesquisas que utilizem a Teoria Ator-Rede (TAR).
Módulo 2 – Aplicar a TAR realizando uma etnografia e produzindo um relato de campo

(AL)
Proposta de atividades que ampliem o engajamento dos alunos e permitam novas formas de contato com a teoria para além dos textos e da sala de aula

Resultados (R)
Combinação de avaliações diagnósticas, formativas e somativas realizadas através de apresentações/seminários, discussões em sala e entrega de trabalhos escritos

Avaliação (Av)
Diversas formas de *feedbacks* como: entre pares, em sala de aula e por escrito com base nas entregas dos alunos para entender a evolução do processo de aprendizagem

Fechando o *loop* (F)
Análise de todo o processo, dos resultados das avaliações, escuta de *feedbacks* dos alunos sobre o curso para a produção de uma lista de melhorias e modificações para as próximas turmas

AoL

Questões para discussão

Considerando uma abordagem teórica no campo da Administração ou outras ciências sociais aplicadas:

1. Como você poderia extrapolar o contexto da sala de aula no processo de ensino e aprendizagem dessa teoria?
2. Que atividades você acredita que poderia propor (diferentes das apresentadas no capítulo) para ampliar o engajamento dos alunos e o sucesso no atingimento dos objetivos de aprendizagem propostos?
3. Como você poderia propor ou proporcionar aos alunos um contato direto com autores e pesquisadores que aplicam a teoria?

Referências

ALCADIPANI, R.; TURETA, C. Teoria ator-rede e estudos críticos em administração: possibilidades de um diálogo. *Cadernos EBAPE.BR*, 7, (3), artigo 2, 406-418, 2009.

ANDRADE, J. A. D. Organon e as redes: uma reflexão sobre produções sociotécnicas. *Gestão e Sociedade*, v. 4, n. 7, p. 435-457, 2010.

CAVALCANTI, M. F. R.; ALCADIPANI, R. Organizações como processos e teoria ator-rede: a contribuição de John Law para os estudos organizacionais. *Cadernos Ebape.br*, v. 11, n. 4, p. 556-568, 2013.

CZARNIAWSKA, B. STS meets MOS. *Organization*, v. 16, n. 1, p. 155-160, 2009.

FELDMAN, M. S.; ORLIKOWSKI, W. J. Theorizing practice and practicing theory. *Organization Science*, v. 22, n. 5, p. 1240-1253, 2011.

FRERS, L. Space, materiality and the contingency of action: a sequential analysis of the patient's file in doctor-patient interactions. *Discourse Studies*, v. 11, n. 3, p. 285-303, 2009.

GHERARDI, S. *Introduction*: the critical power of the 'practice lens'. Management Learning, 40: 115-128, 2009.

GHERARDI, S. One turn... and now another one: do the turn to practice and the turn to affect have something in common? *Management Learning*, v. 48, n. 3, p. 345-358, 2017.

LATOUR, B. *Jamais fomos modernos*. São Paulo: Editora 34, 1994.

NICOLINI, D. Zooming in and out: studying practices by switching theoretical lenses and trailing connections. *Organization Studies*, v. 30, n. 12, p. 1391-1418, 2009.

ORLIKOWSKI, W. J. The sociomateriality of organisational life: considering technology in management research. *Cambridge Journal of Economics*, n. 34, p. 125-141, 2010.

WOOLGAR, S.; COOPMANS, C.; NEYLAND, D. Does STS mean business? *Organization*, v. 16, n. 1, p. 5-30, 2009.

CAPÍTULO 8

Assista ao **vídeo**

CAPACITAÇÃO DE GESTORES: O CASO DE UM CURSO SOBRE AVALIAÇÃO DE IMPACTO SOCIAL

Lígia Vasconcellos

Objetivos de aprendizagem

- Entender o desafio de elaborar um curso para gestores, considerando o caso específico de um curso de avaliação de impacto social.
- Adaptar esta experiência para outros cursos profissionais sobre gestão e planejamento.

Caso de contextualização

A avaliação de impacto tem cada vez mais se apresentado como instrumento relevante para o planejamento e a gestão de políticas e programas no âmbito social. A despeito de sua demanda por diversos *stakeholders* dos projetos ter crescido, a avaliação de impacto ainda não é prática comum entre seus gestores. Os motivos são vários, desde falta de preparo com o tema, restrições orçamentárias, até questões culturais, que não valorizam uma avaliação quantitativa e objetiva para um contexto complexo, como é qualquer intervenção de âmbito social ou ambiental.

Por isso, a implantação de um curso sobre avaliação de impacto social para gestores traz alguns desafios inerentes a este contexto: boa parte das pessoas que trabalham com projetos sociais, que são o público-alvo do curso, não têm formação nem experiência com análises quantitativas, mas vêm sendo continuamente cobradas por demonstrar os resultados de seus projetos com instrumentos quantitativos e objetivos.

Como podemos ultrapassar essa barreira estabelecida sobre avaliação de impacto? Como levar conceitos estatísticos e de análises quantitativas para um público gestor, que está acostumado com análises mais discursivas e qualitativas?

E, por fim, como garantir a análise crítica sobre a avaliação? Para garantir a boa gestão, devem-se conhecer as premissas em que a avaliação se baseia, suas potencialidades e fragilidades, e, portanto, ter cuidado interpretativo com seus resultados e usos.

A seguir, está esboçado um curso que pretende tomar o uso da aprendizagem ativa como uma vantagem para apresentar a gestores de projetos sociais os principais conceitos da avaliação de impacto e ajudá-los a desenvolver sua capacidade crítica em relação às avaliações.

Essa experiência prática pode também servir de exemplo para outros cursos de gestão para profissionais de mercado. O conteúdo do curso muda, mas as preocupações em se levar em conta o perfil do aluno e o contexto do tema continuam válidas para se pensar o alinhamento entre objetivos e resultados.

Introdução

Faz parte do dia a dia dos profissionais que ocupam cargos de gestão a interação com outros profissionais das mais diferentes áreas e especializações. Esses gestores têm muitas vezes a responsabilidade do planejamento e realização das atividades de colegas e contratados de outras áreas de formação. Mas não se pode exigir que os gestores se tornem especialistas a cada assunto que precisar de seu acompanhamento e gestão.

Por isso, há a necessidade de cursos (ou disciplinas) que apresentem temas especializados, mas sob o ponto de vista de quem vai gerir o assunto, não necessariamente do especialista que executará a atividade. Portanto, o gestor tem a necessidade de dialogar com especialistas, mas não precisa se tornar um. Isso vale para diferentes campos do conhecimento. O gestor, dependendo de seu campo de atuação, precisará dialogar com o trabalho de engenheiros, médicos, estatísticos, advogados etc. e, às vezes, gerir diretamente esse trabalho.

O curso apresentado neste capítulo propõe-se a apresentar a gestores de projetos sociais os conceitos de avaliação de impacto social, de forma a capacitá-los a planejar ou contratar uma avaliação. A avaliação em si exige, na maioria dos casos, conhecimento específico de técnicas estatísticas e econométricas, que demandam uma pessoa especializada para sua mensuração. O gestor deve ser capaz de planejar a avaliação e dialogar com tal especialista.

O curso **"Introdução à Avaliação de Impacto Social"** tem como objetivo mais forte fornecer uma nova ferramenta de gestão a seus alunos. Não pretende aprofundar-se em teorias ou metodologias relacionadas à avaliação, o que poderia ser esperado em cursos voltados para o público especializado.

Esse curso é um exemplo para outros cursos, em que os alunos são gestores, já com experiência de trabalho e de gestão, e serão apresentados a um assunto de conteúdo específico. Neste caso, os especialistas da avaliação de impacto são em geral economistas, mas poderíamos pensar, por exemplo, em um cuso sobre qualidade de vida no trabalho, que envolveria conteúdo de especialistas em saúde ou no uso de ferramentas digitais para comunicação com os clientes, o que envolveria especialistas em programação.

Outro ponto comum a cursos para profissionais em cargos de gestão é uma combinação de experiência de trabalho (e de gestão em especial) com pouco tempo para dedicação ao curso fora do horário estabelecido. Portanto, imaginam-se cursos de duração relativamente curta e que não exijam muitas horas de dedicação extraclasse (presencial ou virtual).

A ênfase desses cursos privilegia entendimento e discussão de conceitos, premissas e dos instrumentos básicos de determinado tema. Dessa forma, dinamiza-se o uso das horas empregadas. O aprendizado ativo por parte dos alunos, o uso da própria experiência deles, e dinâmicas em grupo e construção de projetos ao longo das aulas são atividades indicadas.

> **Fique atento**
>
> Apesar de ainda haver poucos cursos, a disseminação de práticas de avaliação de impacto social já ocorre há muito tempo. Instituições de diferentes setores promovem seminários e cursos sobre o tema. Entre elas, o Banco Mundial não só defende o uso da avaliação, como também ajuda as equipes dos projetos assistidos pelo banco com formação para avaliação, tanto internacionalmente quanto no Brasil. O Itaú Social foi um dos precursores em oferecer seminários (1º seminário em 2004) e cursos de avaliação econômica de projetos sociais, por todo o país, a gestores do terceiro setor e de políticas públicas. No caso, a avaliação econômica inclui tanto a avaliação de impacto quanto uma análise de retorno econômico. Mais recentemente, universidades começaram a oferecer cursos para executivos.
>
> Essas instituições também criaram apostilas, livros e outros materiais sobre o tema. Alguns exemplos desses materiais são Baker (2000) e Menezes Filho (2012).

8.1 Gestão da aprendizagem

O curso apresentado a seguir é introdutório, voltado para gestores com experiência de mercado em projetos sociais, mas sem a necessidade de formação quantitativa. Portanto, será um curso que privilegiará o entendimento e a discussão de conceitos e dos instrumentos necessários para o desenho de uma avaliação de impacto social. A experiência de trabalho com projetos e/ou negócios sociais é condição, se não necessária, certamente desejável para enriquecer as discussões e os trabalhos planejados ao longo do curso. Espera-se que ao final do curso os alunos tenham desenvolvido um primeiro esboço de desenho de avaliação.

Em se tratando de uma introdução ao tema, e conhecendo-se a limitação de tempo de profissionais de mercado, o curso está planejado para uma duração curta, de apenas 20 horas.

De forma a dinamizar o uso dessas horas e tornar ativo o aprendizado por parte dos alunos, serão usadas várias dinâmicas – apresentações, discussão em grupo, construção de projeto ao longo das aulas –, sendo essas atividades mediadas e recortadas com aulas expositivas de apresentação de conceitos e exemplos de avaliação de impacto social.

A avaliação de impacto social tem por principal objetivo inferir causalidade entre o projeto ou programa e os resultados obtidos. Para tanto, precisa-se do contrafactual, isto é, o que teria acontecido com os beneficiários caso o projeto nunca tivesse sido realizado. Como o contrafactual não ocorre, a essência da avaliação está em encontrar um grupo que seja parecido com o público beneficiário, mas que não tenha sido afetado pelo projeto. Essa tarefa é em geral realizada por estatísticos e economistas, com uma boa formação quantitativa, mas são os gestores (e outros *stakeholders*) de projetos sociais seus principais usuários.

> **Saiba mais**
>
> "O problema central da área de avaliação de programas é **construir o contrafactual** do grupo tratado pelo programa. Na forma mais simples de apresentação desse problema, podemos pensar que qualquer indivíduo está sempre em uma de duas situações distintas: ter sido ou não ter sido tratado pelo programa. Idealmente, o melhor grupo de comparação para os indivíduos tratados seria formado pelos mesmos indivíduos na situação em que eles não fossem tratados. Contudo, essas situações são mutuamente exclusivas: claramente não é possível observar os mesmos indivíduos na condição de tratados e não tratados ao mesmo tempo. O **desafio do avaliador**, portanto, é encontrar um grupo de indivíduos que represente adequadamente a situação de não tratamento, ou seja, um grupo que funcione como um bom contrafactual do grupo tratado" (Menezes Filho, 2012, p. 35).

Um dilema nessa formação é a necessidade ou não de ensinar o manuseio de dados aos alunos. Apesar de não se pretender formar especialistas em econometria, o *learning-by-doing* tem suas vantagens, e trabalhar efetivamente com uma planilha de dados costuma ser muito mais esclarecedor do que horas de discussão sobre o que são bons dados estatísticos. Mas trabalhar com dados exige outro conhecimento, de *softwares* estatísticos (ou de planilhas como o Excel), o que exigiria um pré-requisito que poderia afastar boa parte de alunos, ou ainda, se o conteúdo fosse incluso no curso, tomar mais tempo do que o *core* do curso, que seria a discussão da avaliação em si.

O curso apresentado a seguir não inclui trabalhar diretamente com dados. Essa escolha torna o curso mais curto e, como dito, fica mais apropriado a um público mais amplo, mas a sedimentação sobre uso e análise de dados dependerá mais fortemente de outras dinâmicas de aprendizagem.

Um ponto relevante para a construção do curso é conhecer sua "concorrência", saber quais os cursos são oferecidos, para qual público, com que enfoque. A avaliação de impacto social tem sido cada vez mais usada para avaliação de grandes políticas públicas, mas ainda é pequeno o número de especialistas capacitados para sua realização. Há um crescimento da oferta de cursos em nível de pós-graduação de Economia, sendo relativamente recente sua oferta também para programas de graduação. Fora do ambiente acadêmico, há muitos cursos para profissionais sobre avaliação em geral, mas são poucos os específicos de avaliação de impacto.

Com a oferta de formação ainda pequena, também há poucos profissionais de mercado preparados para realizar tais avaliações, sendo mais comum observar professores universitários sendo procurados para fazer as avaliações. São poucas as consultorias fora do meio acadêmico que oferecem esse serviço.

Além do avanço de tais avaliações para grandes programas de políticas públicas, um novo setor que está se formando, de negócios de impacto, tem colocado grande ênfase na necessidade de estabelecimento de objetivos e metas de impacto a serem acompanhados. São negócios que não abrem mão de retorno econômico, mas têm como objetivo principal o impacto social ou ambiental. Portanto, a demanda por conhecimento dos instrumentos de avaliação de impacto mantém-se forte e crescente.

Um ponto de discussão interessante ao longo do curso são a importância e os usos da avaliação de impacto social. Como muitas vezes o aluno procura a formação mais por demanda de seus *stakeholders* do que por interesse próprio, cabe ao curso mostrar as vantagens de se usar efetivamente a avaliação. De outro lado, mesmo o aluno já convencido da importância da avaliação de impacto será beneficiado com a organização de argumentos nesse sentido.

A seguir, discorremos sobre os cinco passos que compõem a gestão da aprendizagem (e que foram apresentados no Capítulo 1). Comentamos a relação entre as preocupações com a aprendizagem e as escolhas de ensino feitas. Especial atenção é dada ao item (8.3), de alinhamento entre objetivos e resultados, com uma discussão sobre as escolhas das atividades.

8.2 Definir objetivos de aprendizagem do aluno (O)

Retomando, o **objetivo educacional** deve traduzir as competências que o professor pretende desenvolver no aluno ao longo do curso ou do programa, e esse objetivo (ou conjunto de objetivos) deve ser escrito de acordo com os níveis cognitivos esperados, a partir da Taxonomia de Bloom.

Como comentado, o curso pretende ser uma introdução ao tema, o que está explícito em seu título: "*Introdução à Avaliação de Impacto Social*".

Como objetivo de aprendizagem geral, consideramos:

> "O aluno será capaz de **construir** um desenho de avaliação de impacto para um projeto considerando seus principais elementos: determinação de causalidade entre intervenção e objetivos, escolha de indicadores e público a ser investigado, e construção do contrafactual."

Como se pode ver, definiu-se o nível cognitivo de "construir" um desenho de avaliação, que nos remete à dimensão de "Aplicação" na Taxonomia de Bloom.

Além do objetivo geral, definimos também objetivos mais específicos de aprendizagem. Os primeiros também nos remetem à "Aplicação", mas o último nos remete a uma dimensão acima na Taxonomia de Bloom, de "Análise". Esperamos, portanto, que os egressos do curso sejam capazes não só de elaborar um desenho de avaliação, mas também de analisar e interpretar uma avaliação, condição necessária para seu uso na gestão do projeto.

Os objetivos específicos de aprendizagem são:

1. **Compreender** a importância da avaliação de impacto social.
2. **Identificar** causalidade esperada entre as ações e os objetivos definidos para determinado projeto.
3. **Definir indicadores** e **construir um grupo contrafactual** para os beneficiários do projeto, utilizando os conceitos e metodologias para avaliação de impacto.
4. **Compreender** as diferenças entre metodologias de avaliação de impacto.
5. **Analisar** tomadas de decisão a partir do resultado da avaliação.

Esses objetivos estão de acordo com o contexto dos alunos, ou pelo menos de nossa expectativa em relação à sua experiência profissional e de formação. De um lado, não exigem conhecimento prévio de análise quantitativa, de outro, espera-se que seja um público com experiência em gestão de projetos ou negócios sociais.

Considerando que se pretende oferecer um curso introdutório, ele também não será longo – terá 20 horas, divididas em cinco encontros, de forma a favorecer a participação de profissionais de mercado, com tempo exíguo para capacitação. É possível adaptar esse conteúdo para cursos mais longos (ou até mais curtos), levando-se em consideração outros públicos e objetivos.

O curso, como comentado, garantirá a um gestor de projetos a visão sobre a potencialidade de tal instrumento de avaliação, e o capacitará para realizar diretamente avaliações que não exijam técnicas muito sofisticadas em termos estatísticos.

O curso trará as discussões atuais sobre o tema, além de possíveis novas vertentes conceituais e metodológicas. De fato, no campo da avaliação de impacto, não param de surgir novos métodos estatísticos, que pretendem estimar o impacto e seu erro-padrão da forma mais precisa possível; há grande disputa em meios acadêmicos sobre os melhores métodos de estimação e sobre como lidar com as hipóteses assumidas em cada um deles. Porém, o curso não entrará a fundo nesse meandro metodológico. Focará em fazer uma discussão detalhada da construção do desenho de avaliação de impacto social, no qual o método estatístico é apenas uma pequena parte, apesar de importante. Os métodos mais utilizados serão apresentados, com uso de exemplos de casos reais e ênfase nos motivos de suas escolhas e das hipóteses de que dependem para serem válidos.

Em relação a recursos, preferimos pensar um curso que pudesse ser oferecido em diferentes espaços e não dependesse de muitos recursos físicos. Portanto, serão usados recursos básicos, como um computador com possibilidade de projeção para slides de aula e alguns materiais impressos (ou distribuídos *on-line*, se a turma estiver equipada com seus *notebooks*), para favorecer a leitura durante o curso. Papel craft e canetas adequadas serão sugeridos para facilitar os trabalhos em grupo feitos em sala (também possíveis de serem feitos nos *notebooks*, a depender da facilidade da turma com os recursos). Como algumas atividades serão em grupo, é importante que o espaço permita uma formação para aula expositiva, mas também para discussão em pequenos grupos.

Para cada uma das cinco aulas foi elaborado um plano, apresentado em detalhe na seção 8.2, que trata de alinhamento entre objetivos e resultados. Também na próxima seção serão comentadas as dinâmicas escolhidas, com o objetivo de favorecer a aprendizagem ativa dos alunos. Ao mesmo tempo, as dinâmicas foram pensadas para manter a segurança do professor, que em geral será um especialista em avaliação, sem experiência com dinâmicas de aprendizagem que exigiriam controle muito acurado de *timing* e de interação com a turma.

8.3 Alinhamento entre objetivos e resultados (AI)

A partir dos objetivos, são elaboradas atividades/dinâmicas de aprendizagem que garantam um **alinhamento entre os objetivos propostos e os resultados esperados**.

Cada encontro reflete basicamente um dos objetivos de aprendizagem definidos anteriormente. Preveem-se para cada encontro quatro horas de duração com um intervalo, portanto os conteúdos de cada dia estão divididos em duas partes.

As dinâmicas apresentadas buscam o engajamento da turma na discussão, incentivando os alunos a também trazerem seus casos de trabalho para a análise; ao mesmo tempo, são previstos vários momentos expositivos (mais tradicionais), em que os conceitos e exemplos serão apresentados pelo professor.

AULA 1 - Importância e usos da avaliação de impacto

Objetivo de aprendizagem:

1. Compreender a importância da avaliação de impacto social.

Quadro 8.1 Aula 1: objetivos, atividades, avaliação

AULA 1		
Objetivos específicos	Atividades	Avaliação
Apresentação do curso e dos alunos	Apresentação do curso e dos participantes e de suas expectativas: *bate-papo*.	*Avaliação diagnóstica:* envio prévio de questionário a alunos sobre conhecimento e prática de avaliação e sobre experiência com projetos sociais.
1. Compreender a importância da avaliação de impacto social	Avaliação de impacto: o que mede, causalidade: *exposição dialogada*.	
	Interesses dos diferentes *stakeholders*: *estudos de caso, tempo para leitura individual e para debate, a partir de papéis definidos*.	
	Intervalo.	
	Elementos para o cálculo do retorno / Projetos sociais e negócios de impacto: *exposição dialogada*.	
	Relação entre impacto e custo: *estudo de caso, leitura e debate em grupo*.	

1ª parte:

Nesta 1ª parte, busca-se primeiro conhecer a turma e suas expectativas. A partir dessas falas, já se terá uma ideia de quais conteúdos ao longo do curso poderão ser mais sensíveis, no sentido de gerarem mais debate e serem mais (ou menos) conhecidos. Nos dois casos, o professor poderá prever em que momentos haverá necessidade de maior (ou menor) dedicação ao tema. Uma sugestão, se possível, é fazer avaliação diagnóstica, encaminhando um questionário para os alunos antes do curso, para já adequar o conteúdo ao perfil da turma.

Também como introdução, propõe-se uma dinâmica em que os alunos assumam diferentes papéis diante da avaliação, e dessa forma a discussão sobre importância e usos da avaliação pode tomar mais facetas e gerar maior discussão. Para não se ter uma discussão abstrata, pelo menos dois casos reais serão trazidos para análise, um caso de política pública e um de projeto social do terceiro setor, assim também podem-se discutir diferenças entre os dois. Essa "troca" de papéis é importante, pois pressupõe-se que a maioria dos alunos seja gestor de projetos, e portanto, eles terão uma visão mais homogênea da avaliação. Se na apresentação dos alunos se verificar que eles têm diferentes papéis ante suas instituições, seus papéis originais poderão ser usados para a discussão.

Antes de tal dinâmica, porém, será apresentada uma breve definição sobre o que se entende por "impacto", para diferenciar a avaliação de impacto de outros tipos de avaliação e indicar que conceito de impacto (a ser explorado e aprofundado nas aulas seguintes) será usado na construção do desenho de avaliação.

2ª parte:

Um ponto tão relevante quanto a mensuração de impacto, mas muitas vezes relegado a segundo plano, é a análise de custo-benefício dos projetos. Além de se almejarem impactos positivos do projeto, deve-se também almejar atingi-los com eficiência, isto é, com o menor custo possível.

Este ponto não é foco específico do curso, mas, por ser considerado inerente ao tema, serão expostos os principais conceitos e se fará uma discussão também a partir de estudo de caso. Como este conteúdo não faz parte do núcleo duro de avaliação de impacto, ele poderá também servir como uma possibilidade de ajuste do uso do tempo, podendo seu conteúdo ser aumentado ou diminuído.

AULA 2 – Intervenção e seus objetivos: causalidade

Objetivo de aprendizagem:
2. Identificar causalidade esperada entre as ações e os objetivos definidos para determinado projeto.

Quadro 8.2 Aula 2: objetivos, atividades, avaliação

AULA 2		
Objetivos específicos	Atividades	Avaliação
2. Identificar causalidade esperada entre as ações e os objetivos definidos para determinado projeto	Apresentação dos projetos dos alunos; quem não trabalhar com projeto será convidado a apresentar projeto de interesse: *apresentação individual*. Teoria da mudança: conceito e relação com avaliação: *exposição dialogada*. Intervalo. Preenchimento de fluxo de teoria da mudança de projetos escolhidos: *exercício em grupo*. Apresentação e discussão dos fluxos: *apresentações e debate*.	*Avaliação formativa*: montagem de fluxos de teoria da mudança, em grupo, para projetos escolhidos pelos alunos. Acompanhamento grupo a grupo pelo professor, questionando premissas de causalidade.
Discutir escolhas relacionadas a avaliação	Tópicos relacionados com a avaliação: *exposição dialogada*.	

1ª parte:

O ponto de partida de toda a avaliação é definir o que se quer medir, mas, por mais óbvia que essa afirmação possa parecer, na realidade não se trata de um processo simples. Para introduzir este ponto, acreditamos que a melhor forma é fazer os alunos pensarem em seus próprios projetos. Como eles ainda não viram nenhum conceito de avaliação, começamos com uma apresentação individual informal sobre o que suas instituições fazem e quais seus principais objetivos. No caso de alguns participantes não trabalharem diretamente com projetos, eles serão convidados a apresentar um projeto ou política pública de seu interesse, ou a se juntar a outros colegas.

Essas apresentações serão a deixa para a introdução do tema principal da aula: teoria da mudança. Tal teoria nada mais é do que a organização lógica de ações e resultados de uma intervenção, facilitando o entendimento da causalidade entre ação e resultado. O essencial dessa construção está em determinar quais são as hipóteses subjacentes dos gestores sobre cada passo da sequência entre ações e resultados.

Em um primeiro momento será feita uma exposição sobre a teoria da mudança, com apresentação de uma estrutura para sua construção e uso na avaliação.

2ª parte:

Na segunda metade da aula, os alunos serão instruídos a construir a teoria da mudança de seus projetos. Como os conceitos são novos, a instrução será que eles se unam em grupos de no mínimo três pessoas, pois a discussão entre pares ajudará no processo de sedimentação dos conceitos. É útil que a instrução seja por escrito e detalhada, para ajudar os alunos a focá-la nos pontos de interesse da aula.

A discussão pode ser muito variada. É esperado que profissionais engajados em seus projetos entrem em discussão minuciosa sobre todos os mecanismos de transmissão, inter-relações e hipóteses subjacentes. Se a discussão for sobre um caso de terceiros, ela provavelmente focará em aspectos mais gerais e será mais curta. Por isso, não se espera que a construção da teoria da mudança se esgote neste momento da aula, mas que pelo menos ocorra discussão sobre seus conceitos.

O professor acompanhará os grupos, trazendo o foco da discussão para o ponto principal, que é o mecanismo de causalidade do projeto em relação aos objetivos esperados. Ao final da aula, os fluxos serão apresentados pelos grupos e abertos para comentários de seus colegas.

Há alguns tópicos relacionados a escolhas para a avaliação (por exemplo, necessidade de avaliação antes da intervenção, fonte dos dados a serem analisados) que poderiam ser apresentados em vários momentos do curso. Sendo apresentados no início, eles adiantam questões a serem pensadas no desenho de avaliação; sendo apresentados mais à frente, provavelmente serão mais facilmente compreendidos. Por isso, eles estão planejados logo após a discussão de teoria da mudança, mas, dependendo da dinâmica das aulas, poderão ser reservados para um momento posterior, ou ainda poderão nem ser mencionados.

AULA 3 – Construir um desenho de avaliação de impacto: indicadores, público e contrafactual

Objetivo de aprendizagem:

3. **Definir** indicadores de impacto e **construir** um grupo contrafactual para os beneficiários do projeto, utilizando os conceitos e metodologias para avaliação de impacto.

Quadro 8.3 Aula 3: objetivos, atividades, avaliação

AULA 3		
Objetivos específicos	Atividades	Avaliação
3. Definir indicadores de impacto e...	Objetivos e indicadores: *discussão aberta mesclada com apresentação de casos reais.* Características de bons indicadores: *exposição dialogada.* Público-alvo: *exposição dialogada com exemplos de casos reais.* Intervalo.	*Avaliação formativa:* construção das características principais do grupo contrafactual. Acompanhamento grupo a grupo pelo professor, questionando relação entre características escolhidas e contrafactual.
3. ... construir um grupo contrafactual para os beneficiários do projeto, utilizando os conceitos e metodologias para avaliação de impacto	Definição de contrafactual: *exposição dialogada.* Construção do desenho de avaliação: *exercício em grupo para os projetos já selecionados.*	

1ª parte:

Dando sequência à teoria da mudança, que, como o nome diz, é mais teórica, esta aula focará em discutir como definir e escolher indicadores para a avaliação. Em alguns casos, a correspondência com os objetivos é direta, mas para objetivos mais amplos ou subjetivos a escolha de indicadores pode não ser tão trivial, e merece uma discussão tanto conceitual quanto com a apresentação de exemplos. Os exemplos são úteis não só para mostrar a dificuldade de se escolherem bons indicadores, mas também porque introduzem outro tema de interesse da avaliação, que é o mapeamento de outras avaliações semelhantes.

Para a construção de um bom desenho de avaliação, conhecer o que já foi feito diminui o caminho a percorrer, e é importante incentivar os alunos a fazerem uma busca de literatura e avaliações sobre seu tema de interesse. Também com exemplos, será explorada a escolha do público-alvo da avaliação.

2ª parte:

Neste momento do curso, os tópicos mais importantes de uma avaliação (não necessariamente de impacto) já terão sido introduzidos: teoria da mudança, definição de objetivos e indicadores, público a ser investigado.

Agora será o momento de reforçar os conceitos de impacto, e de contrafactual, que foram brevemente apresentados na primeira aula. Eles constituem o grande definidor da avaliação de impacto, e serão aprofundados com conceitos e mais exemplos.

Na sequência, os casos discutidos na teoria da mudança serão retomados para discussão em grupo e início da construção dos desenhos de avaliação: definição de indicadores, público a ser avaliado e seu contrafactual. Este é o momento para os alunos sedimentarem os conceitos e, por isso, o acompanhamento das discussões que ocorrem nos pequenos grupos é importante, para rapidamente intervir se necessário. A troca entre colegas também é rica, pois as experiências de cada um se complementam na compreensão do tema.

AULA 4 - Métodos de avaliação de impacto: características e interpretações

Objetivos de aprendizagem:

4. Compreender as diferenças entre metodologias de avaliação de impacto.

5. Analisar tomadas de decisão a partir do resultado da avaliação.

Quadro 8.4 Aula 4: objetivos, atividades, avaliação

AULA 4		
Objetivos específicos	Atividades	Avaliação
4. Compreender diferenças entre metodologias de avaliação de impacto	Principais metodologias, caso experimental: *exposição dialogada com apresentação de casos reais.* Principais metodologias, caso não experimental: *exposição dialogada com apresentação de casos reais.* Intervalo.	*Avaliação formativa:* escolhas das metodologias, e justificativa da escolha. Acompanhamento do professor, reforçando análise crítica.
5. Analisar tomadas de decisão a partir do resultado da avaliação	Interpretação e usos – vantagens e limitações dos métodos: *diálogo aberto.* Construção do desenho de avaliação (continuação): *exercício em grupo para os projetos já selecionados.*	

1ª parte

Como o curso pretende atingir um público gestor, não necessariamente iniciado em análises quantitativas, a apresentação das diferentes metodologias de avaliação de impacto, basear-se-á principalmente em exemplos de avaliações, que ilustrem bem os pontos principais de cada metodologia.

Em cursos de formação de avaliadores, esse conteúdo é a essência do curso e em geral toma a maior parte das aulas. O cuidado no curso para os gestores é não aprofundar em explicações técnicas desnecessárias, mas garantir o entendimento das principais premissas e hipóteses por trás das escolhas dos métodos.

2ª parte

Tendo sido apresentadas as metodologias, será colocado foco na comparação entre elas: quais necessitam de mais dados, quais provavelmente requerem maior orçamento, que tipos de hipóteses estão sendo considerados, qual metodologia traz resultados mais robustos estatisticamente.

Um ponto relevante, a ser levado para discussão aberta, é a questão ética da avaliação, em especial quando se escolhe um método experimental (basicamente, os beneficiários do projeto são escolhidos de forma aleatória). Às vezes, o que é melhor para um resultado mais consistente de uma avaliação não é o melhor (ou não é factível) em termos das necessidades dos grupos a serem beneficiados, ou não é aceitável para os gestores dos projetos. Vantagens e desvantagens das escolhas devem ficar claras para os gestores, de modo que possam decidir. O cuidado nessa discussão é mostrar aos alunos que sempre existem escolhas, e, portanto, nem sempre há uma única resposta correta na formulação de uma avaliação. Além disso, as escolhas têm consequências que devem ser admitidas e incorporadas na análise final dos resultados da avaliação.

O final da aula será reservado para a continuação da construção do desenho de avaliação pelos grupos. Os alunos receberão um roteiro estruturado para a construção do desenho de avaliação, que deverá ser seguido para a apresentação na aula final.

AULA 5 - Apresentação de projetos e avaliação do curso

Objetivos de aprendizagem:

5. Analisar tomadas de decisão a partir do resultado da avaliação

Quadro 8.5 Aula 5: objetivos, atividades, avaliação

AULA 5		
Objetivos específicos	**Atividades**	**Avaliação**
5. Analisar tomadas de decisão a partir do resultado da avaliação Apresentar os desenhos de avaliação	Apresentação e discussão dos desenhos de avaliação: *apresentação em grupos*. Intervalo.	*Avaliação somativa*: comentários do professor e dos colegas sobre trabalhos.
Avaliar o curso	Avaliação do curso: *discussão aberta*.	*Feedback*: tanto de professor como de alunos, sugestões para futuras edições.

1ª parte

A última aula será dedicada basicamente à apresentação dos trabalhos em grupo. Os grupos terão um tempo para apresentar, e na sequência, seus colegas serão convidados a esclarecer dúvidas e fazer comentários e sugestões. O processo do trabalho em grupo é uma das fontes mais importantes para o aprendizado, pois obriga os alunos a ativamente usarem os novos conceitos aprendidos. Além disso, a apresentação do trabalho também leva os alunos a se posicionarem sobre o tema, o que, de novo, reforça o aprendizado.

No final de cada apresentação, caberá ao professor fazer um resumo dos pontos principais de cada discussão e, se possível, estimular a turma a ainda discutir pontos que porventura não tenham sido explorados. Como se trata de um curso de poucas horas para profissionais de mercado, os comentários são suficientes, não sendo previstas atribuição de notas ou comparação da qualidade dos trabalhos. O principal é reforçar positivamente os pontos importantes que apareceram nos trabalhos, e colocar para discussão os pontos que seriam importantes e foram esquecidos ou pouco enfatizados.

Como a sistematização do desenho de avaliação, e sua apresentação, exigem análise crítica por parte dos alunos, consideramos que essa aula também está vinculada ao último objetivo específico definido, de análise de tomadas de decisão.

2ª parte

Ao final das apresentações, e sendo o último dia de aula, é recomendada uma rodada de comentários sobre o curso, partindo das impressões dos alunos. Como se trata de um curso de avaliação, a avaliação do curso ao final é um reforço aos alunos sobre o uso desse procedimento e de sua importância. Seria também recomendado um questionário por escrito, que os alunos pudessem preencher ao final da aula e entregar (ou enviar posteriormente) ao professor ou instituição que ofereceu o curso.

> **Saiba mais**
> Para uma introdução sobre gestão de avaliação de projetos, veja o guia de avaliação, Insper Metricis (2019).

8.4 Resultados (R)

Voltando ao modelo de gestão de aprendizagem, a próxima etapa refere-se a colher evidências sobre o processo de aprendizagem. Como visto no Capítulo 3, devem-se aplicar instrumentos, atividades ou dinâmicas para mensurar os **resultados do curso**, que permitam ao docente acompanhar e intervir no processo. Nesse curso, sugerimos como instrumentos uma avaliação diagnóstica em seu início, e um questionário para colher *feedbacks* dos alunos ao final do curso. Além disso, estão previstas avaliações formativas ao longo das aulas, a realização e a apresentação do trabalho final, que é o instrumento avaliativo mais estruturado do curso, considerado como avaliação somativa.

Vemos no Quadro 8.1 o planejamento da avaliação diagnóstica, isto é, encaminhamento de um questionário para que os alunos respondam sobre sua experiência com o tema e tópicos de interesse.

Os quadros seguintes, 8.2 a 8.4, mostram o planejamento de avaliações formativas, previstas nos momentos em que os alunos estão realizando trabalho em grupo ou de discussão conjunta, estando o professor em condições de pontuar, corrigir pontos relevantes, assim como receber *feedbacks* dos alunos. Todos os comentários e respostas dos alunos informam ao professor se eles estão compreendendo e quais seus interesses. É possível ajustar, a partir de tal informação, se não completamente, pelo menos em parte o tempo gasto com cada tema. Como já apresentado nas dinâmicas, vimos que foram deixados alguns espaços ao longo das aulas para esses possíveis ajustes sugeridos.

Na última aula, estão previstas as apresentações dos trabalhos finais (desenhos de avaliação). Consideramos essa apresentação, e os *feedbacks* de professor e colegas, a avaliação somativa do curso (veja o Quadro 8.5). Em se tratando de um curso curto para profissionais de mercado, não consideramos que sejam necessários instrumentos como provas formais, nem a entrega (e avaliação) dos trabalhos por escrito. Será verificado, no entanto, se os elementos previstos no roteiro (comanda) para a construção do desenho de avaliação foram seguidos, além da qualidade dessa construção.

O último objetivo de aprendizagem, *"**Analisar** tomadas de decisão a partir do resultado da avaliação"*, que se refere ao último nível da Taxonomia de Bloom, será avaliado pela qualidade da discussão que se seguirá à apresentação do trabalho, quando o professor avaliará, com perguntas diretas e estímulo para discussão entre pares, se os alunos não só aprenderam a construir uma avaliação, mas também desenvolveram capacidade para sua análise.

8.5 Avaliação (Av)

Temos assim um **processo contínuo de avaliação**, em que se apura a cada aula o desenvolvimento dos alunos em relação aos objetivos planejados, utilizando-se os instrumentos mencionados. O professor dá retorno aos alunos ao longo de todo o curso e, em especial, comenta os trabalhos desenvolvidos em grupo ao longo das aulas e apresentados na aula final. Mesmo não havendo uma nota, os alunos recebem *feedback* sobre suas entregas (especialmente sobre os desenhos de avaliação), que será avaliado, entre outros elementos, pela aderência ao roteiro proposto para os trabalhos. Da mesma forma, o professor também recebe *feedback* ao longo do processo e poderá ajustar seu planejamento, mesmo que em parte, em função dos *feedbacks* recebidos.

Como não há avaliações formais, de um lado o professor não precisará corrigir provas e trabalhos, mas por outro lado terá o desafio de estar muito atento às perguntas e aos comentários dos alunos, para extrair informação sobre sua aprendizagem. Se ficar em dúvida sobre o processo, poderá se valer de perguntas diretas aos alunos ao longo das aulas sobre quanto estão acompanhando e sobre seu grau de interesse nos temas abordados.

8.6 Fechar o *loop* (F)

Por fim, deve-se **fechar o *loop* (F)**. O professor, a partir dos *feedbacks* recebidos dos alunos ao longo do curso, sobretudo no final, e com base no resultado dos desenhos de avaliação, desenvolve um plano de ação de melhoria para o próximo curso. Exemplos de ajustes são: necessidade de modificação nas comandas sobre os estudos de caso ou desenho de avaliação, ou ainda ajuste no tempo dispensado a determinado tópico.

Se for possível enviar um questionário para os alunos após o curso, o professor terá um *feedback* mais formal, que também é um instrumento importante para replanejamento. Esse instrumento, conhecido como avaliação de reação, é comum em treinamentos corporativos. Pode ser entendido em nosso caso como uma avaliação diagnóstica sobre o curso e sobre o professor.

Como se espera que o público do curso seja variado, é possível também a necessidade de ajustes a cada novo público (maior ou menor conhecimento prévio de avaliação, ou experiência com projetos, por exemplo) para atendê-lo de forma mais adequada.

Conclusão

Ao longo da seção anterior, foram desenvolvidas todas as etapas do modelo de gestão de aprendizagem, com especial atenção à escolha das atividades para garantir o alinhamento entre os objetivos de aprendizagem e os resultados esperados.

Com as dinâmicas apresentadas, espera-se criar um ambiente de discussão entre alunos e professor, e de construção conjunta de análise crítica. Com a discussão de casos reais, tanto exemplos trazidos pelos alunos como *benchmarks* reconhecidos no mercado, espera-se facilitar a aprendizagem de temas muitas vezes complexos, mas que os alunos do curso, gestores em suas áreas de atuação, precisam conhecer e ser capazes de analisar criticamente. Os alunos estão sendo preparados para dialogar com especialistas e para serem capazes, a partir da informação fornecida por eles, de tomar decisões de planejamento e decisões estratégicas em suas áreas de trabalho.

No caso do exemplo apresentado, espera-se a aprendizagem de análises quantitativas por um público acostumado com análises mais discursivas e qualitativas. Mais importante, espera-se que os egressos estejam assim capacitados não só a construir, mas também a analisar criticamente avaliações de impacto social.

Respondendo aos questionamentos do caso de contextualização, com as várias discussões de casos reais e trazendo os casos dos próprios alunos para a aula, espera-se compensar o pouco conhecimento esperado em análises quantitativas. Da mesma forma, o ambiente de troca e as discussões em torno da construção dos desenhos de avaliação permitirão a formação de uma análise crítica, não apenas o aprendizado de um passo a passo de avaliação.

Este capítulo usou o processo de gestão de aprendizagem para discorrer sobre a construção de um curso de avaliação de impacto social. Como dissemos, as etapas de gestão de aprendizagem poderiam, porém, ser ajustadas para o planejamento de outros cursos de formação destinados a profissionais de mercado, em que eles serão capacitados a fazer a gestão de determinado assunto e não necessariamente se tornarem especialistas no tópico. Como no curso apresentado, o importante é aproveitar a experiência dos alunos para apresentar novos conceitos e exemplos práticos, dentro de uma dinâmica de discussão e construção conjunta.

> **Questão para discussão**
>
> Pense no conteúdo do curso que você gostaria de montar e em um público com muita experiência de gestão em sua área de atuação, mas sem conhecimento sobre o tópico que você propõe. Como as dinâmicas apresentadas neste capítulo podem ajudar você a planejar o curso, aproveitando as experiências dos alunos, de forma a garantir o aprendizado?

Resumo esquemático

Capacitação de gestores: o caso de um curso sobre avaliação de impacto social

(O)
Delinear objetivos de aprendizagem, geral e específicos, com base na Taxonomia de Bloom, e definir público-alvo.
Objetivo geral: o aluno será capaz de **construir** um desenho de avaliação de impacto.
Público: gestores de projetos sociais

(AL)
Estratégias de ensino aula a aula, buscando participação ativa dos alunos

AoL

Fechando o *loop* (F)
Avaliação geral do curso, incluindo aplicação de avaliação de reação dos alunos e revisão para futuros cursos

Resultados (R)
Instrumentos para avaliação dos resultados, incluindo observação e análise do professor de discussões e trabalho realizado

Avaliação (Av)
Processo contínuo de análise com os instrumentos aplicados, nas modalidades de avaliação diagnóstica, formativa e somativa

Referências

BAKER, J. *Evaluating the impact of development projects on poverty*: a handbook for practitioners. Washington: The World Bank, 2000. Disponível em: https://openknowledge.worldbank.org/handle/10986/13949. Acesso em: 18 jan. 2019.

INSPER METRICIS. Guia de avaliação de impacto socioambiental para utilização em negócios e investimentos de impacto: guia geral com foco em verificação de adicionalidade. São Paulo, 2018. Disponível em: https://www.insper.edu.br/wp-content/uploads/2018/09/Guia-Avaliacao-Impacto-Insper-Metricis-portugues.pdf. Acesso em: 18 jan. 2019.

MENEZES FILHO, N. (Org.). *Avaliação econômica de projetos sociais*. São Paulo: Fundação Itaú Social, 2012.

CAPÍTULO 9

MODELO DE ESTRUTURA DE PROCESSOS SUCESSÓRIOS

Lisie Lucchese

Objetivos de aprendizagem

- Compreender o planejamento de uma disciplina ou programa de capacitação baseado no modelo *Assurance of Learning* (AoL) – Gestão da Aprendizagem.
- Construir boas práticas de aprendizagens ativas no tema de sucessão de gestores, por meio do uso do *Modelo de Estrutura de Processos Sucessórios nas disciplinas de Administração* – ênfase em Gestão de Pessoas.

Caso de contextualização

Você tem a posição de Coordenação de Seleção e Gestão de Talentos na estrutura de Gestão de Pessoas corporativa em uma empresa de grande porte com presença no mercado global em cinco continentes. O processo de internacionalização dessa empresa está em franca expansão, mediante novas aquisições e fusões.

A partir do novo direcionamento estratégico da empresa, o Diretor Corporativo de Gestão de Pessoas vem formando há dois anos a equipe que teve um déficit histórico de desenvolvimento interno. Essa estrutura reporta suas ações para as Gerências de Gestão de Pessoas em quatro segmentos e para as demais Diretorias corporativas.

Nos cenários de carreira estimados em sua *Análise de Desempenho por Competências* do último ano, você se destaca para assumir a posição de Gerência de Gestão de Pessoas em um dos segmentos da organização que está com importantes rupturas nos seus processos de inovação. Nesse segmento, você já tem conhecimento da defasagem de formação de lideranças para assumirem posições de gestão, em um ambiente cada vez mais complexo em tecnologias e com o imperativo de inovações para a competitividade da empresa.

Você assume o desafio de construir um exemplo de referência com o seu processo sucessório na estrutura de Gestão de Pessoas corporativa e tem como meta-chave, em seu projeto da provável futura gestão, desenvolver composições de processos sucessórios para qualificar atração, formação e retenção de líderes gestores e talentos-chave.

Você quer construir perguntas a serem debatidas com a Gerência e a Diretoria corporativa de Gestão de Pessoas para compor as condições do preparo da sua sucessão na posição atual e participação no processo sucessório à futura posição de Gestão de Pessoas. Quer também somar a pauta já mencionada, para o seu projeto nesse novo cargo almejado.

Você gerou os seguintes apontamentos para esta conversa de transição de carreira:

- Quais elementos devem ser revistos e aprimorados nos mapas sucessórios que estão sendo praticados na empresa?
- Como construir o caminho das sucessões, por meio de um processo mais transparente com as partes envolvidas?
- Quais as oportunidades de melhoria na governança de cada sucessão?
- Como esses aprendizados serão difundidos na organização durante e após a consolidação de cada sucessão?

Introdução

O ambiente das organizações e suas lideranças de Gestão de Pessoas têm a emergente necessidade de agregar melhores condições e êxito no desenvolvimento da sucessão de lideranças e talentos. Acompanhando esses desafios ao longo de 20 anos, desenvolvemos o *Modelo de Estrutura de Processos Sucessórios* (MEPS).

Esse Modelo é aplicável como disciplina de Gestão de Pessoas, para o professor atuar em uma proposta de aprendizagem ativa com os alunos que atuam ou se desenvolvem para atuar em estruturas corporativas de Gestão de Pessoas e com professores.

O Capítulo 4 apresentou a relevância da formação dos professores e alunos para aprendizagens das novas competências e conhecimentos conectados no mundo volátil e de rupturas, com aceleradas mudanças tecnológicas e de mercado. No presente capítulo você identificará a correlação na cadeia de valor *Educação – Empresas – Mercados*, ampliando o olhar para os profissionais que chegam às organizações com uma nova formação, posicionamentos pessoais e de carreira, dispostos a rupturas, na forma e nos motivos de se vincular a essas empresas e seus mercados.

> "Hoje, uma empresa que cresce o suficiente para ingressar no *ranking* Fortune 500 atinge essa escala, em média, duas vezes mais depressa do que 20 anos atrás. E as novas recordistas – as que crescem com mais rapidez do que todas – estão superando recordes anteriores por uma larga margem. Outro indicador de que empresas jovens estão ganhando poder no mercado mais depressa: 40% das arenas competitivas, a empresa mais forte – ou seja, aquela com maior fatia dos lucros do setor e, portanto, a maior capacidade de reinvestir – não é mais a de maior porte" (Zook; Allen, 2017).

Os profissionais de Gestão de Pessoas estão diante de desafios complexos, sem escape. Criar condições diferenciadas de contratação de trabalhos, não necessariamente de empregos, externalizar estruturas, tais como composição em núcleos de *startups* com a contratação de talentos-chave são desafios que se reconfiguram de forma disruptiva nas estruturas de atuação desses profissionais. A disciplina aqui apresentada subsidia a você, como professor, para atuar de forma contextualizada diante de tais necessidades de aprendizagem dos alunos.

Uma das complexidades mais marcantes que esta nova revolução cognitiva nos apresenta é o ineditismo. Diante disso, um ambiente organizacional de boas práticas na formação de novas competências gera diagnósticos mais consistentes ao novo, ampliando o percentual do êxito e não do risco.

> **Link útil**
> Para saber mais sobre a **abrangência de gestão de riscos organizacionais**, acesse o código ao lado ou: **http://uqr.to/g3b6**. Acesso em: 13 jan. 2019.

Quando as novas oportunidades de carreira não têm boa gestão compartilhada, tendem a ter menor consistência de desempenho nas posições ocupadas, ciclos curtos, resultados frustrados para as partes envolvidas. Naturalmente, isso afeta a gestão de riscos do processo ou negócio.

Forma-se o imperativo de estabelecer condições colaborativas e integradas nos cenários de carreira das organizações, pressupondo o planejamento de *aprendizagens nessas transições profissionais*, ou seja, um planejamento melhor das sucessões.

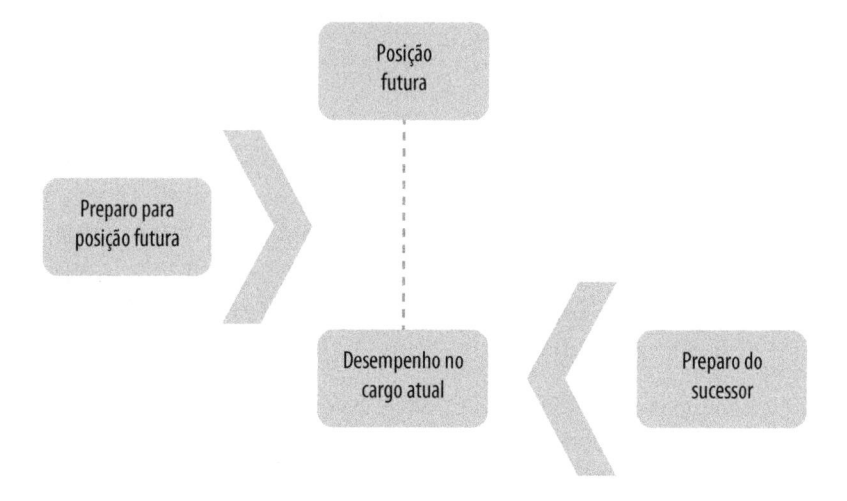

Figura 9.1 Intervenções-chave em processos sucessórios.

Conforme demonstrado na Figura 9.1, para essa dinâmica os desafios são cumulativos no desempenho da posição ocupada, no ambiente de preparo do sucessor e no próprio preparo (lacunas) para posição futura, interna ou externa à organização que o profissional atua.

O que é o Modelo de Estrutura de Processos Sucessórios?

O MEPS é um **processo de atenção** sobre a sucessão que **orienta decisões** na formação dos sucessores, identificando as cinco etapas (Figura 9.2) que fortalecem as aprendizagens integradas no preparo sucessório com a deliberação das partes passíveis de serem envolvidas.

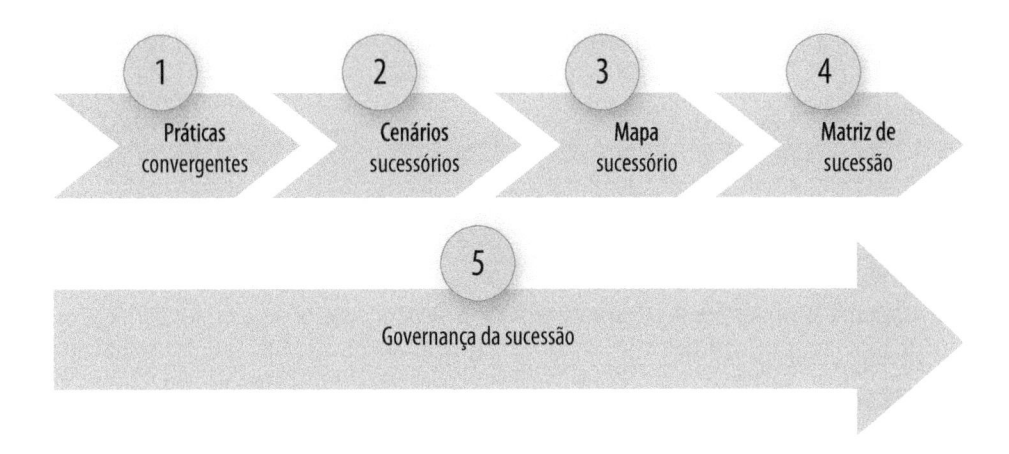

Figura 9.2 Etapas do MEPS.

1. Práticas convergentes
2. Cenários sucessórios
3. Mapa sucessório
4. Matriz de sucessão
5. Governança da sucessão

A Figura 9.2 demonstra as etapas do MEPS que serão apresentadas no presente capítulo, organizadas nessa proposta de aprendizagem ativa para profissionais de Gestão de Pessoas.

Diante do que propomos, é importante delimitar dois pontos:

- **Primeiro:** no presente capítulo será apresentado o processo de aprendizagem do MEPS em seu macro fluxo, com foco na formação de sucessores de *posições estratégicas e de talentos-chave*.
- **Segundo:** não faremos a especificação de práticas e ferramentas de *assessment*, composição de comitê para sucessão, análise de desempenho por competências, por serem desenvolvidas conforme estrutura e recursos de cada organização. Estão apenas previstas para serem identificadas em seus estágios de desenvolvimento e incorporação ou não, nas etapas do MEPS: Mapa Sucessório, Matriz de Sucessão e Governança da Sucessão.

O planejamento e a gestão de transições de carreira em processos flexíveis é uma necessidade amplamente reconhecida. Muitos modelos surgem e podem convergir, mas precisam ser somados adequadamente nas circunstâncias de cada organização.

A Hierarquia de Domínios de Bloom classifica as possibilidades de aprendizagem em três grandes domínios: cognitivo, afetivo e psicomotor. Os domínios afetivo (principalmente) e psicomotor não são menos importantes no ambiente de processos sucessórios. Porém, no presente capítulo privilegiamos o domínio cognitivo, por meio de uma aprendizagem ativa que viabiliza a construção do ambiente para a cultura de preparo sucessório na organização. O aprofundamento no domínio afetivo deve ser oportunizado em processo de capacitação específico, aconselhamento ou mentoria individuais e/ou grupais.

> **Link útil**
> Para saber mais sobre a **Taxonomia de Bloom**, acesse o código ao lado ou: **http://uqr.to/g3b7**.
> Acesso em: 7 out. 2019.

"Na hierarquia de Bloom, o domínio afetivo trata de reações de ordem afetiva e de empatia. É dividido em cinco níveis:

- **Recepção:** percepção, Disposição para receber e Atenção seletiva
- **Resposta:** participação ativa, Disposição para responder e Satisfação em responder
- **Valorização:** aceitação, Preferência e Compromisso (com aquilo que valoriza)
- **Organização:** conceituação de valor e Organização de um sistema de valores
- **Internalização de valores:** comportamento dirigido por grupo de valores, comportamento consistente, previsível e característico" (Ferraz, Belhot, 2010).

> **Link útil**
> Para saber mais sobre a **Taxonomia de Bloom**, acesse o código ao lado ou: **http://uqr.to/g3b8**.
> Acesso em: 7 out. 2019.

Com base no *Assurance of Learning* (AoL) ou Gestão da Aprendizagem, apresentamos a seguir as etapas de construção que sustentam essa disciplina.

9.1 Gestão da Aprendizagem

9.1.1 Objetivos (O)

Diante do contexto de atuação dos profissionais de Gestão de Pessoas, dinâmico e célere, torna-se necessário planejar e ao mesmo tempo subsidiar práticas de sucessão de gestores nessa crescente demanda. Conforme mencionado, no presente capítulo propomos um programa de curta duração, com aprendizagem ativa para profissionais de Gestão de Pessoas sobre o Modelo de Estrutura de Processos Sucessórios (MEPS). Configuramos a prática de um programa aberto ao mercado, considerando os seguintes ganhos: importância e força da rede de relações de mercado; aumento do aprendizado sobre diferentes contextos organizacionais no preparo sucessório de gestores. Se estamos em um contexto de mercado disruptivo e de alta conectividade, a diversidade de perfis profissionais e de suas realidades de atuação poderá contribuir de modo significativo na qualidade dos seus aprendizados.

Os profissionais de Gestão de Pessoas que atuam com esse processo de trabalho têm como perfil: graduação superior, discentes em pós-graduação *lato sensu* e/ou *stricto sensu*, no mínimo cinco anos de experiência, podendo ter origem na formação de áreas diversas (Administração, Ciências Sociais, Direito, Finanças, Pedagogia, Psicologia entre outras afins), em demandas na seleção e desenvolvimento, vivência em contratação de serviços de avaliações de perfis profissionais (*assessment*) e *coaching*, participação em programas de desenvolvimento de lideranças e programas de mobilidade, incluindo expatriação e repatriação. Portanto, esse é o perfil do ingressante para o programa apresentado a seguir.

Definimos como objetivos-chave de aprendizagem a ser alcançada pelo participante:

- Compreender as etapas do MEPS e identificar as melhorias aplicáveis no preparo sucessório de posições estratégicas da empresa.
- Esquematizar a estrutura de processos sucessórios diferenciando as necessidades no desenvolvimento cognitivo, de acordo com a lacuna potencial – prontidão do sucessor para as demandas de desempenho na posição futura a ser assumida na empresa.

Diante de tais objetivos-chave, orientamos essa aprendizagem em cinco módulos, com os respectivos objetivos específicos, correlacionando níveis cognitivos ao desenvolvimento do participante conforme a Taxonomia de Bloom, mais carga horária presencial e a distância.

Quadro 9.1 Módulos, objetivos, níveis cognitivos e carga horária do programa de capacitação MEPS

Módulos	Objetivos	Nível cognitivo	Carga horária	
			Presencial	Distância
1. Práticas convergentes	Verificar os conceitos práticos, ferramentas de gestão de carreiras e uso de tecnologias adotadas na empresa em que você atua, que impactam na definição de processos sucessórios.	Lembrar e entender	4h	2h
2. Cenário Sucessório	Compreender e compartilhar os desafios estimados nos cenários futuros de uma posição profissional definida para Sucessão.	Entender	6h	5h
3. Mapa de Sucessão	Identificar e selecionar as informações, dados e critérios necessários para o levantamento dos potenciais sucessores.	Aplicar	4h	3h
4. Matriz de Sucessão	Desenvolver o caminho de preparo da sucessão de forma desafiadora.	Criar	6h	5h

[CONTINUA]

[CONTINUAÇÃO]

Módulos	Objetivos	Nível cognitivo	Carga horária	
			Presencial	Distância
5. Governança da Sucessão	Integrar os papéis, responsabilidades e prazos de intervenção para cumprir o desenvolvimento sucessório proposto.	Criar	5h	

9.1.2 Alinhamento entre objetivos e resultados (AI)

O alinhamento dos objetivos aos resultados prevê a formação consistente do processo de aprendizagem do participante. Esse **programa MEPS** está proposto em formato *blended* (presencial e a distância), com cinco encontros mensais presenciais, que totalizam 25 horas, somados com atividades a distância (*prework* e *postwork*) que totalizam 20 horas. A carga horária do programa é estimada em 45 horas.

Para a sua compreensão sobre a execução do programa, nos Quadros 9.2 a 9.6 especificamos o desenvolvimento de aprendizagem para cada módulo.

Quadro 9.2 Módulo 1 – Práticas convergentes

Programa: Modelo de Estrutura de Processos Sucessórios – Práticas Convergentes			
Objetivo de aprendizagem MEPS – Módulo 1 Práticas Convergentes	Divisão do tempo Distância 2h + Presencial 4h		
	Distância	Parte 1 Presencial	Parte 2 Presencial
Objetivo Verificar os conceitos, ferramentas de gestão de carreiras e uso de tecnologias adotadas na organização em que você atua, que impactam na definição de processos sucessórios.	**Atividade 1** **Prework** Levantar os dados e informações sobre as práticas de processos sucessórios na organização.	**Atividade 2** *Lecture* sobre o contexto de sucessão e interpretação do MEPS.	**Atividade 4** Trabalho em grupo para discriminar as práticas e parametrizar nas etapas do MEPS.
		Atividade 3 Compartilhamento em duplas sobre práticas de sucessão e parametrização em rubrica de efetividades.	**Atividade 5** Apresentação e debate no grande grupo. **Atividade 6** Avaliação diagnóstica e *feedback* para a turma correlacionando o impacto nos processos sucessórios.

Quadro 9.3 Módulo 2 – Cenários sucessórios

Modelo de Estrutura de Processos Sucessórios – Cenários Sucessórios			
Objetivo de aprendizagem MEPS – Módulo 2 Cenários Sucessórios	Divisão do tempo Distância 5h + Presencial 6h		
	Distância	Parte 1 Presencial	Parte 2 Presencial e a Distância
Objetivo Compreender e compartilhar os desafios aos cenários futuros de uma posição profissional definida para a sucessão.	**Atividade 1** *Prework* Destacar duas posições de preparo sucessório e indicar as prováveis partes relacionadas (*stakeholders*) do cenário futuro.	**Atividade 2** Depoimento com profissional convidado e debate no grupo: *O que estimei para a sucessão, como me preparei e com o que me deparei?*	**Atividade 6** Individual: oportunidades de melhoria no compartilhamento de cenários sucessórios.
		Atividade 3 Em duplas: exploração de cenários sucessórios com roteiro base.	*Postwork* Plano de ação para as melhorias identificadas.
		Atividade 4 Em grupo: extrapolação de cenários sucessórios em casos destacados.	**Avaliação formativa e** *feedback* **individual a distância**
		Atividade 5 *Feedback* no desenvolvimento com a moderação dos debates.	**Ação de campo** Compartilhamento com dois *stakeholders*.

Quadro 9.4 Módulo 3 – Mapa sucessório

Modelo de Estrutura de Processos Sucessórios – Mapa Sucessório			
Objetivo de aprendizagem **MEPS – Módulo 3 Mapa Sucessório**	**Divisão do tempo** **Distância 3h + Presencial 4h**		
^	**Distância**	**Parte 1 Presencial**	**Parte 2 Presencial e a Distância**
Objetivo Identificar e selecionar as informações, os dados e os critérios necessários para o levantamento dos potenciais sucessores.	**Atividade 1** *Prework* Leitura prévia do tema.	**Atividade 2** Depoimento de profissional convidado e debate no grupo: *Contextos e assertividades na prática de Mapas Sucessórios.*	**Atividade 4** Estudo de Caso em grupo.
		Avaliação formativa Interpretação sobre a leitura prévia correlacionada com o debate na Atividade 1. **Atividade 3** *Lecture* sobre fatores críticos de implementação.	**Atividade 5** Debate e indicações na formulação de Mapas Sucessórios. *Postwork* Destacar, revisar e qualificar um Mapa Sucessório.

Quadro 9.5 Módulo 4 – Matriz de sucessão

Modelo de Estrutura de Processos Sucessórios – Matriz de Sucessão			
Objetivo de aprendizagem	**Divisão do tempo** **Distância 5h + Presencial 6h**		
MEPS – Módulo 4 Matriz de Sucessão	**Parte 1** **Presencial**		**Parte 2** **Presencial e** **a Distância**
Objetivo Desenvolver o caminho de preparo da sucessão de forma desafiadora.	**Revisão do** *Postwork* *Feedback* em duplas e debate com os participantes. **Atividade 1** *Lecture* com membro do Conselho de Adm. ou Coordenador do Comitê de Sucessão: *Desafios no desenvolvimento de posições estratégicas.* **Atividade 2** *Lecture* do facilitador: *Conceito, função e importância da Matriz de Sucessão.*	**Atividade 3** Estudo de Caso em grupo em duas etapas: 1. Classificar os tipos de ações de desenvolvimento de sucessão para a composição da Matriz de Sucessão. Apresentação na turma. 2. Análise dos desafios nas ações × níveis cognitivos de desenvolvimento. Apresentação na turma. **Feedback** Do facilitador na moderação do debate em turma.	**Atividade 4** *Brainstorm* com o cruzamento de grupos: *Desafios inovadores ao desenvolvimento de sucessores.* **Atividade 5** Construção em grupo: Aplicabilidade na construção da Matriz de Sucessão. **Postwork** Construção de matriz sucessória em demanda da organização. **Feedback** Avaliação somativa por rubrica.

Quadro 9.6 Módulo 5 – Governança da sucessão

Modelo de Estrutura de Processo Sucessório – Governança da Sucessão			
Objetivo de aprendizagem	**Divisão do tempo Presencial 5h**		
MEPS – Módulo 5 Mapa Sucessório	**Parte 1 Presencial**	**Parte 2 Presencial**	**Parte 3 Presencial**
Objetivo Integrar os papéis, responsabilidades e prazos de intervenção para cumprir o desenvolvimento sucessório proposto.	**Atividade 1** *Lecture* com Especialista em Gestão de Riscos na Governança Empresarial.	**Atividade 3** Atividade em grupo criando um exemplo ilustrativo de governança do processo – Etapa 5 – do MEPS. *Feedback* Apresentação cruzada em grupos com os apontamentos de *feedbacks* mútuos, somados com o *feedback* do Facilitador.	**Atividade 4** Avaliação formativa entre grupos por rubrica. **Atividade 5** Retomada individual de cada participante sobre as avaliações diagnóstica, formativa e somativa, bem como os *feedbacks* recebidos no decorrer da capacitação e seus posicionamentos na evolução. **Atividade 6** Avaliação dos participantes sobre o processo integral de aprendizagem.
	Atividade 2 Criticar um caso ilustrativo (típico no grupo) de processo sucessório com as cinco etapas do MEPS registradas e analisar os pontos de gestão de riscos do processo, apontando as recomendações nas circunstâncias de sucessão.		

9.1.3 Resultados (R)

O alinhamento dos objetivos com as dinâmicas de aprendizagem facilita a definição das formas e dos instrumentos de avaliação do programa. Conforme os esquemas de cada módulo de desenvolvimento desse programa, já especificados (AI), você pode observar que, diante das avaliações indicadas no Modelo de Gestão da Aprendizagem (AoL) – *diagnóstica, formativa e somativa* –, aplicamos cada uma dessas modalidades de avaliação de acordo com a aprendizagem desenvolvida no módulo.

O Capítulo 1 especificou cada uma das modalidades de avaliação para a sua oportuna revisão e fixação.

A avaliação diagnóstica será realizada no decorrer do Módulo 1 com a identificação das práticas e ferramentas de processos sucessórios, conhecidas ou vivenciadas pelos participantes. Tal verificação facilitará as intervenções nos módulos sequenciais, com as adequações e pontos de atenção para as maiores necessidades dos participantes. Adotamos para as avaliações formativas o registro de dados e recomendações para o participante realizar as melhorias na atividade e para contribuir na consistência das atividades sequenciais. Também haverá diálogo do professor com os participantes na verificação e reinterpretação sobre as práticas deficientes ou assertivas de processos sucessórios. Para as avaliações somativas, indicamos o registro por rubricas com conceitos qualitativos/quantitativos.

Cabe destacar que as avaliações previstas estão sempre interligadas com os objetivos de aprendizagem e os temas dos *feedbacks* para os participantes, posicionando a sequência de aprendizagens ou revisão de pontos na etapa da aprendizagem anterior. Essa correlação Objetivo–Avaliação-*Feedback* sempre deverá estar alocada corretamente no processo de aprendizagem, de acordo com os resultados de aprendizagem propostos: reforço ou formação de uma competência no nível cognitivo necessário para a prática consistente do profissional.

Outro ponto de atenção é o fato de que o *feedback* não é condicionado a uma avaliação diagnóstica, formativa ou somativa, mas deve ser demarcado também nos momentos de aprendizagem necessários, de acordo com o desenvolvimento de conceitos e práticas pelo participante na sua aprendizagem.

Retomando o tópico Avaliação, ao final dos cinco módulos aplicamos a avaliação de reação e, após um ano da realização desta capacitação, indicamos a retomada com os participantes para analisar os pontos de evolução efetiva nos processos sucessórios. Voltaremos a esse tópico no item sequencial Avaliação (Av).

Estabelecemos tal correlação, pois não é incomum em programas de capacitação de mercado obter-se como indicador de resultados somente a avaliação de reação e/ou de impacto, o que não valida o processo de aprendizagem em si.

Diante do exposto, no decorrer da execução de cada módulo, temos previstas as avaliações:

- No Módulo 1 – Práticas Convergentes: temos a avaliação diagnóstica sobre os parâmetros de práticas de sucessão adotados na empresa e as necessidades de evolução.

Reiteramos que o objetivo de aprendizagem deste módulo é: *Verificar os conceitos práticos, ferramentas de gestão de carreiras e uso de tecnologias adotados na empresa em que você atua, que impactam a definição de processos sucessórios.*

- No Módulo 2 – Cenários Sucessórios: indicamos a avaliação formativa sobre os resultados da atividade *postwork* que será o Plano de Ação para as melhorias identificadas em um cenário sucessório de uma organização, destacado pelo participante. Após essa avaliação formativa, o participante será desafiado para uma ação de campo no compartilhamento sobre os cenários sucessórios com dois *stakeholders* priorizados, validando ou melhorando os elementos a serem considerados.

Reiteramos que o objetivo de aprendizagem deste módulo é: *Compreender e compartilhar os desafios aos cenários futuros de uma posição profissional definida para a sucessão.*

- No Módulo 3 – Mapa Sucessório: será realizada a avaliação formativa sobre a interpretação de texto da leitura prévia – *prework* –, correlacionando-a com o debate na atividade sequencial do módulo. Esta avaliação formativa será reforçada pela atividade *postwork*, que será: Destacar, revisar e qualificar um mapa sucessório. Esta atividade *postwork* receberá o *feedback* na introdução do módulo sequencial.

Reiteramos que o objetivo de aprendizagem deste módulo é: *Identificar e selecionar as informações, dados e critérios necessários para o levantamento dos potenciais sucessores.*

- No Módulo 4 – Matriz de Sucessão: o aproveitamento do participante terá a avaliação somativa por rubrica sobre a sua construção de uma Matriz de Sucessão em uma demanda de preparo sucessório destacada na organização – realidade em que atua. Destacamos que para este ponto do desenvolvimento da capacitação convergem todas as aprendizagens dos módulos anteriores, que deverão ser considerados na construção de uma Matriz de Sucessão. Por isso, neste módulo será praticada a avaliação somativa, mesmo não sendo o módulo final da capacitação.

Reiteramos que o objetivo de aprendizagem deste módulo é: *Desenvolver o caminho de preparo da sucessão de forma desafiadora.*

- No Módulo 5 – Governança da Sucessão: os grupos apresentarão a construção de um processo de governança em preparo sucessório. Será aplicada a avaliação somativa por rubrica entre os participantes, moderada pelo professor. Essa avaliação será aplicada por meio da intervenção entre os participantes para também associar à aprendizagem a importância de integração de papéis no exercício da governança de um processo sucessório.

Reiteramos que o objetivo de aprendizagem deste módulo é: *Integrar os papéis, responsabilidades e prazos de intervenção para cumprir o desenvolvimento sucessório proposto.*

9.1.4 Avaliação (Av)

Assim como são conduzidos os objetivos de aprendizagem, avaliações do desempenho do participante e *feedbacks*, também cabe o alinhamento do professor com os participantes sobre as práticas de aprendizagem e suas melhorias.

Sempre que bem compartilhadas essas avaliações, mais assertivas serão as melhorias implementadas. Como o programa está dimensionado para o permanente exercício da aprendizagem ativa do participante, o professor deverá focar a sua atenção nos passos de aprendizagem, qualificando as suas intervenções, alinhando as melhorias e os redirecionamentos, quando necessários, com os participantes.

É muito importante o professor estabelecer um comportamento aberto, pois aberta é a aprendizagem, sempre com novas informações e formas de agregar na construção do conhecimento e na formação ou reforço das competências dos participantes. Cabe repetir que, se vivemos em um mundo volátil e com ineditismos, assim deverá ser a sua capacidade de aprender, como professor facilitador desse processo de aprendizagem, o que não significa ter respostas prontas, mas a capacidade de construí-las.

Diante de tal reflexão, chamamos a sua atenção para os processos de *feedback* no decorrer do programa que propomos. Foram posicionados de forma alternada e diferenciados entre si:

- Módulo 1 – direcionado pelo professor para a turma.
- Módulo 2 – direcionado pelo professor para a turma + individual para participantes.
- Módulo 3 – direcionado entre participantes em pares (*peer instruction*).
- Módulo 4 – direcionado pelo professor para a turma + *feedback* individual.
- Módulo 5 – direcionado entre os participantes na turma.

A qualidade da interface entre os objetivos e as dinâmicas de aprendizagens, as avaliações e os *feedbacks* é o maior desafio do professor para o crescimento do aprendizado do participante e, principalmente, para a formação ou fortalecimento de suas competências ao atuar nesse tema que tem alta criticidade nas práticas de Gestão de Pessoas.

9.1.5 Fechar o *loop* (F)

A gestão da aprendizagem baseada nos passos do *Assurance of Learning* (AoL) e fundamentada no fortalecimento dos níveis cognitivos da Taxonomia de Bloom demonstram o comprometimento superior para a entrega qualitativa aos participantes do programa proposto.

Manter esse alinhamento sobre os desafios e responsabilidades em um processo de aprendizagem é crucial para a análise crítica com a soma das partes relacionadas, que nesta proposição são: professor, participantes, convidados especiais (*lectures* e depoimentos nos módulos), *stakeholders* entrevistados pelos participantes (por amostragem).

A soma das avaliações finais subsidiará a análise e o plano de melhorias para uma aplicação sequencial integral ou modular do programa. Dessa forma, prevemos os passos de avaliação a seguir descritos.

Nesse programa, propomos que ao final do quinto módulo:

- O participante, individualmente, retome os seus apontamentos sobre as avaliações e *feedbacks* recebidos no decorrer de todos os módulos e faça o seu balanço de crescimento em sua aprendizagem.
- Na sequência, em grupos, os participantes discutam e registrem de forma livre as oportunidades de melhorias identificadas no processo de aprendizagem.
- Após o encerramento do programa, seja enviada aos participantes a avaliação de reação *on-line*, para os registros individuais.
- Seja enviado um questionário para os demais *stakeholders* (convidados na capacitação para depoimentos ou palestras), via *survey*, sobre as suas opiniões e indicações de melhoria no processo.

Somados esses quatro registros, o professor procederá à sua análise e convidará (por interesse espontâneo) participantes de cada parte relacionada para o *feedback* sobre as características das culturas organizacionais (presentes no programa) diante de processos sucessórios e as oportunidades de melhoria identificadas.

Nesse momento, deverá ser entregue para cada participante um *Guia de Compartilhamento de Aprendizagens do MEPS* – como soma das aprendizagens dessa capacitação –, que instrumentalizará os participantes para a multiplicação com outros profissionais de Gestão de Pessoas nas suas realidades organizacionais sobre o desenvolvimento de sucessões de gestores baseadas neste modelo.

Por último, indicamos que após um ano seja retomada com os participantes a avaliação de resultados: (i) os pontos de evolução efetiva nos processos sucessórios após a participação neste programa; (ii) o indicador de multiplicação da aprendizagem do MEPS com outros profissionais de Gestão de Pessoas da organização.

Conclusão

Os desafios impostos sobre a formação de sucessores para posições estratégicas de lideranças e/ou de talentos-chave das empresas privilegiam e também pressionam a evolução das práticas de Gestão de Pessoas. Fortalecer a cultura da organização para a constância de práticas de aprendizagens ativas é um pilar da competitividade que passa a ser essencial na construção das futuras competências – as quais até podemos estimar, mas não conhecemos.

> "Ninguém vence a guerra de lances pelos líderes. As empresas mais fracas têm dificuldades para competir pelos melhores talentos e acabam enfraquecendo ainda mais. As empresas que são boas no desenvolvimento de lideranças devem lutar constantemente para reter os líderes que desenvolveram. Negócios em rápido crescimento lutam para desenvolver e reter o amplo e diverso banco de líderes de que precisam para manter o ímpeto" (Charan, 2009).

Resumo

Este capítulo apresenta o Modelo de Estrutura de Processos Sucessórios (MEPS) aplicável na gestão de carreiras de lideranças estratégicas e talentos-chave das organizações. A partir de uma contextualização típica de transição de carreira que acumula os desafios de desempenho no cargo atual, o preparo do seu sucessor e o preparo deste para uma posição futura, demonstramos as etapas que formam a sustentação de um processo sucessório exitoso para todas as partes envolvidas.

Diante do desafio de construir ambientes transparentes e colaborativos nos alinhamentos de sucessão, este modelo propõe valorizar o que a organização já pratica, sem desprezar os aprendizados já construídos, mas posiciona as ações de transição nas etapas onde a efetividade poderá aumentar significativamente. Por isso, partimos da identificação de práticas convergentes, seguindo com a exploração criteriosa dos cenários sucessórios para compor o mapa sucessório, e a partir dessa base, construir de modo compartilhado a matriz de sucessão, que efetivamente monitora a trilha de preparo do sucessor. No caminho das quatro etapas, é fundamental, nas condições de celeridade de mudanças culturais internas e dos dinamismos de mercado, endereçar e integrar papéis e responsabilidades na governança e na gestão de riscos com transversalidade.

Estamos diante de um "por que" desenvolver competências de aprendizagens e inovação aberta. Para tal contexto, os profissionais de Gestão de Pessoas necessitam maturar o papel de interfaces e subsidiar qualitativamente o desenvolvimento contínuo de sucessores, como cultura em transformação – o que significa cocriação e reposicionamentos em fontes de permanentes aprendizados.

O processo de aprendizagem apresentado neste capítulo possibilita a construção de práticas de processos sucessórios com resultados superiores na formação de lideranças e talentos neste ambiente disruptivo em que estamos atuando.

Siga em frente e sempre aberto aos seus desafios de aprendizados!

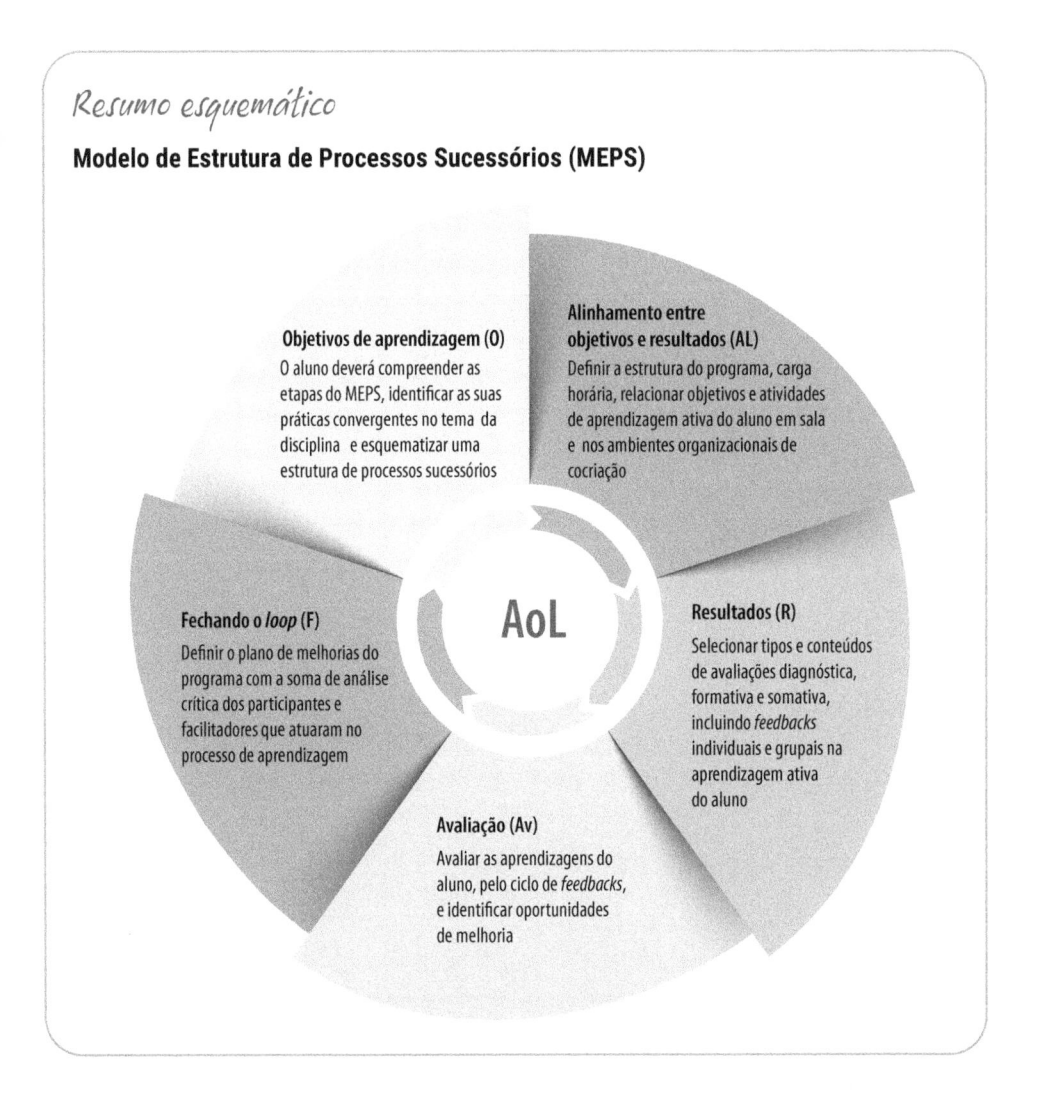

Resumo esquemático

Modelo de Estrutura de Processos Sucessórios (MEPS)

Objetivos de aprendizagem (O)
O aluno deverá compreender as etapas do MEPS, identificar as suas práticas convergentes no tema da disciplina e esquematizar uma estrutura de processos sucessórios

Alinhamento entre objetivos e resultados (AL)
Definir a estrutura do programa, carga horária, relacionar objetivos e atividades de aprendizagem ativa do aluno em sala e nos ambientes organizacionais de cocriação

Resultados (R)
Selecionar tipos e conteúdos de avaliações diagnóstica, formativa e somativa, incluindo *feedbacks* individuais e grupais na aprendizagem ativa do aluno

Avaliação (Av)
Avaliar as aprendizagens do aluno, pelo ciclo de *feedbacks*, e identificar oportunidades de melhoria

Fechando o *loop* (F)
Definir o plano de melhorias do programa com a soma de análise crítica dos participantes e facilitadores que atuaram no processo de aprendizagem

AoL

Questões para discussão

Diante dos desafios apresentados e do programa de capacitação proposto no capítulo, vamos retomar as questões do Caso de Contextualização citado na abertura para o participante identificar os seus possíveis aprendizados sobre o Modelo de Estrutura de Processos Sucessórios (MEPS):

1. Quais elementos devem ser revistos e aprimorados nos mapas sucessórios que estão sendo praticados na empresa?
2. Como construir o caminho da sucessão, por meio de um processo mais transparente com as partes envolvidas?
3. Quais as oportunidades de melhoria na governança de cada sucessão?
4. Como esses aprendizados serão difundidos na organização durante e após a consolidação de cada sucessão?

Referências

CHARAN, R. *O líder criador de líderes*: a gestão de talentos para garantir o futuro e a sucessão. Rio de Janeiro: Campus, 2009.

FERRAZ, A. P. C. M.; BELHOT, R. V. Taxonomia de Bloom: revisão teórica e apresentação das adequações do instrumento para definição de objetivos instrucionais. *Gest. Prod.* São Carlos, v. 17, n. 2, p. 421-431, 2010. Disponível em: http://www.scielo.br/pdf/gp/v17n2/a15v17n2.pdf. Acesso em: 28 set. 2019.

IBGC. *Guia de sustentabilidade para as empresas*. São Paulo: IBGC, 2007. (Série Cadernos de Governança Corporativa, 4.)

ZOOK, C.; ALLEN, J. *A mentalidade do fundador*. Barueri: Novo Século, 2017.

ÍNDICE REMISSIVO

A

Ações resolutivas, 14
Alinhamento
   objetivos estabelecidos, 15
Alinhamento entre objetivos e resultados, 13, 53
   implementando, 14
   metodologias ativas de ensino, 73
   planejamento cuidadoso, 13
   planejando a atividade, 13
Aluno
   envolvimento, 30
   fator de restrição do, 13
Análise de *case*, 92
Aprendizagem dos indivíduos, 69
Aprendizagem social, 54
Aproveitamento do aluno
   avaliação na gestão de aprendizagem, 41
Aproximação entre teoria e prática, 14
Avaliação de resultados
   componentes, 17
   do tipo diagnóstica, 16
   do tipo formativa, 16
   do tipo somativa, 16
   rubrica, 16
Avaliação diagnóstica, 40
Avaliação formativa, 40
   interativas, 78
   metodologias ativas de ensino, 77
   proativas, 78
   regulações retroativas, 78
Avaliação na gestão da aprendizagem
   por que avaliamos, 38
Avaliação na gestão de aprendizagem
   como avaliamos a, 41
   dimensão do processo, 42
   instrumentos de avaliação, 41
   para que serve a, 40
   para quem serve a, 41
   passos para, 37
Avaliação somativa, 40

B

Bloom
   taxonomia de, 14
Brainstorm, 91
   como trabalhar a técnica de, 91

C

Capacitando gestores
   concorrências de cursos, 119
   dinâmicas, 122
   introdução, 117
   objetivo educacional, 120
   objetivos de aprendizagem do aluno, 120
   objetivos e resultados, 122
   objetivos específicos de aprendizagem, 120
Clickers, 74
Competência
   conceito, 73
   docência, 73
Competências da aprendizagem
   adaptabilidade, 53
   comunicação, 52
   inovação, 53
   orientação a mercado, 53
   raciocínio LCA, 53
   relacionamento interpessoal, 52
   resolução de problemas, 53
   tomada de decisão, 53
   visão sistêmica, 53
Conhecimento conceitual, 42
Conhecimento factual, 42
Conhecimento metacognitivo, 42
Conhecimento procedimental, 42

D

Debate entre as equipes
   projeto pedagógico, 93
Definir objetivos de aprendizagem do aluno, 72
Design thinking
   processo de gestão da aprendizagem, 52
Dimensão do conteúdo, 42
Dimensão do processo
   avaliação na gestão de aprendizagem, 42
   conhecimento conceitual, 42
   conhecimento factual, 42
   conhecimento metacognitivo, 42
   conhecimento procedimental, 42
Dinâmicas de aprendizagem
   apresentação de projetos e avaliação de curso, 128
   construir um desenho de avaliação de impacto, 125
   importância e usos da avaliação de impacto, 122
   intervenção e seus objetivos, 123
   métodos de avaliação de impacto, 127
Discussão plenária, 90

E

Eixos temáticos, 49
Estrutura de desenvolvimento de Borton, 18
Estrutura de desenvolvimento de Zande, 19
Exposição dialogada, 90

F

Fechar o *loop*
  feedback, 18
Feedback TAR
  i like, i wish, 112

G

Gestão de aprendizagem
  avaliação, 17
  fechar o *loop*, 18
  resultados, 16

I

IES, 71
Implementação das atividades/dinâmicas, 13
Instituição de Ensino Superior (IES), 68

L

Lecture, 91

M

MAE, 67, 81
Mapas conceituais, 14
Metodologias ativas de ensino
  alinhamento entre objetivos e resultados, 73
  avaliação, 77
  competência, 73
  desenvolvimento docente, 70
  estratégia de ensino, 69
  exigências, 70
  introdução, 69
  objetivo de aprendizagem, 72
  resultados, 77
Modalidade *blended*, 54

O

Objetivo de aprendizagem
  compromisso dos alunos, 30
Objetivos de aprendizagem
  conhecer perfil dos alunos, 29
  metas curriculares, 29
  objetivos desafiadores, 30
  recursos disponíveis, 29
Objetivos específicos de aprendizagem, 120

P

Peer instruction, 90
Planejamento cuidadoso, 13
Processo de engajamento, 74
Processo de ensino
  aprendizagem intermediária, 29
  fase de aplicação, 29
  habilidades no aprendizado, 27
  introdução, 25
  objetivos específicos, 27
  proposta de aprendizagem, 25
  taxonomia de Bloom, 28
Processo de gestão da aprendizagem
  alinhamento entre objetivos e resultados, 53
  avaliação, 60
  competências, 52
  design thinking, 52
  eixos temáticos, 49
  etapas, 49
  fechar o *loop*, 63
  introdução, 49
  resultados, 59
Professor
  apresentar objetivos, 30
  grau de segurança, 13
  papel importante do, 30
Projeto pedagógico
  análise de *case*, 92
  brainstorm, 91
  discussão plenária, 90
  exposição dialogada, 90
  lecture, 91
  objetivos de aprendizagem do aluno, 88
  objetivos e resultados, 89
  peer instruction, 90

R

Regulação da aprendizagem, 77
Regulações interativas, 78
Regulações proativas, 78

S

Simulação realística, 76
Storytelling
  conceito, 73

T

Taxonomia, 14
Taxonomia docente, 57
Teoria Ator-Rede (TAR)
  conceito, 99
  produção científica, 99
Teoria social
  avaliação, 111
  fechar o *loop*, 111
  feedback, 109
  introdução, 99
  learning-by-doing, 119
  objetivos de apendizagem do aluno, 101
  objetivos e resultados, 103
  pre-work, 103
  resultados, 109
Teoria U, 58
Trabalho interdisciplinar, 14
Tríade avaliativa
  diagnóstica, 39
  formativa, 39
  somativa, 39